797,885 Books
are available to read at

www.ForgottenBooks.com

Forgotten Books' App
Available for mobile, tablet & eReader

ISBN 978-0-243-90995-7
PIBN 10740186

This book is a reproduction of an important historical work. Forgotten Books uses state-of-the-art technology to digitally reconstruct the work, preserving the original format whilst repairing imperfections present in the aged copy. In rare cases, an imperfection in the original, such as a blemish or missing page, may be replicated in our edition. We do, however, repair the vast majority of imperfections successfully; any imperfections that remain are intentionally left to preserve the state of such historical works.

Forgotten Books is a registered trademark of FB &c Ltd.
Copyright © 2017 FB &c Ltd.
FB &c Ltd, Dalton House, 60 Windsor Avenue, London, SW19 2RR.
Company number 08720141. Registered in England and Wales.

For support please visit www.forgottenbooks.com

1 MONTH OF FREE READING

at www.ForgottenBooks.com

By purchasing this book you are eligible for one month membership to ForgottenBooks.com, giving you unlimited access to our entire collection of over 700,000 titles via our web site and mobile apps.

To claim your free month visit: www.forgottenbooks.com/free740186

* Offer is valid for 45 days from date of purchase. Terms and conditions apply.

English
Français
Deutsche
Italiano
Español
Português

www.forgottenbooks.com

Mythology Photography **Fiction**
Fishing Christianity **Art** Cooking
Essays Buddhism Freemasonry
Medicine **Biology** Music **Ancient Egypt** Evolution Carpentry Physics
Dance Geology **Mathematics** Fitness
Shakespeare **Folklore** Yoga Marketing
Confidence Immortality Biographies
Poetry **Psychology** Witchcraft
Electronics Chemistry History **Law**
Accounting **Philosophy** Anthropology
Alchemy Drama Quantum Mechanics
Atheism Sexual Health **Ancient History**
Entrepreneurship Languages Sport
Paleontology Needlework Islam
Metaphysics Investment Archaeology
Parenting Statistics Criminology
Motivational

Wilhelm Flitner
Laienbildung

Erstes und zweites Tausend

Verlegt bei Eugen Diederichs in Jena 1921

Wo Deutschland sich wiedergebiert, wer kann es sagen? Wer es in sich trägt, der fühlt es mächtig sich regen.
Karl Brügmann 1913 nach Arnim

Alle Rechte, insbesondere das der Übersetzung in fremde Sprachen vorbehalten. Copyright 1921 by Eugen Diederichs Verlag in Jena

Elisabeth Flitner gewidmet

Diese Abhandlung sucht die Frage zu klären, was unter Volksbildung zu denken, unter welchen Bedingungen sie möglich ist. Es handelt sich dabei nicht um die Volksbildung im Sinne der Volksaufklärung oder gar der schulischen Förderung einzelner Menschen aus dem Lohnarbeiterstand, sondern um Volksbildung in ihrem allerwesentlichsten und umfassendsten Sinne.

Die Abhandlung stellt eine Reihe von Sätzen auf, die im einzelnen unserer Generation durchaus bekannt sind, und deren wissenschaftlicher Erweis meist nur angedeutet worden ist; es läßt sich trotzdem hoffen, daß die Zusammenfassung dieser Sätze zu einem bündigen Zusammenhang auch einen Beitrag zur wissenschaftlichen Pädagogik darstellen kann. Ist doch bei allen Erörterungen dessen, was Bildungsziel sein soll, der wissenschaftliche Erweis niemals das Entscheidende. In einer Zeit so starker Umsetzungen in allen Bildungseinrichtungen und in den einfachsten Urteilen über das, was zu oberst und was zu unterst zu stehen hat, müßte auch eine mehr bekenntnismäßige Zusammenfassung neuer Einsichten von Wert sein, wenn sie nur einem zukunftsgültigen Lebensgefühl entspringt.

1

Der Sachverhalt „Volksbildung" bedeutet das Enthaltensein eines geistigen Lebens in dem werktätigen und gemeinen drin. Das Enthaltensein eines geistigen Lebens, das Größe hat, Tiefe, metaphysischen Gehalt, und das dem Werktag als eine höhere Sphäre eingebaut ist. Daß es in den Werktag eingebaut ist, soll heißen: es gehören nicht schwierige, mühselige Studien dazu, ein Bürger dieser geistigen Sphäre zu werden, sondern: indem du ein Werkmann bist, deiner Arbeit und Mühsal nachgehst, deine Pflichten ringsum an Nebenmenschen und Institutionen erfüllst und gar nicht durch Reisen, Studien aus deinem Kreise heraustrittst, kannst du Bürger dieser Sphäre werden. Das heißt: metaphysisch ergreifendes Geistleben ist in das werktätige Dasein eingebaut, als ein höheres Reich, das uns wie mit Gebirgsluft umgibt, daß jeder Schritt in der Alltagswelt jedem Menschen zugleich ein Schritt in der Gebirgswelt sein kann. —

Wenn Volksbildung solches Enthaltensein bedeutet, dann haben wir unserer Zeit und insbesondere den verstädtischten Landschaften Volksbildung abzusprechen. Das Enthaltensein des Geistigen im Werktätigen ist nicht da unter uns. Nur die Künstler und Denker und eine Anzahl hervorragender Menschen, die in eine ganz besondere Schule gegangen sind, und da ein Wesentliches sich erarbeitet haben von dem, was heute Bildung heißt, die könnten von sich sagen, daß ihr Werkleben erfüllt sei vom Geistigen. Nimmt man solche Leute zum Maß, alle anderen sinken dann herab in die Reihe der Halb- oder Ungebildeten; ihr Beruf, ihre Erziehung, die örtlichen Verhältnisse haben ihnen auch bei menschlich reicher Begabung nicht erlaubt, genügend Zeit aufzuwenden oder den Fingerzeig zu erhalten, wie man es macht, wie man sich in die besondere Schulung begibt. Sie sind Laien geblieben; jene wenigen sind aber, bildlich gesprochen, in die Priesterschaft der Bildung eingegangen, in diesen geheimen Einsiedlerorden, in den der gewöhnliche Sterbliche so schwer gelangt.

Alles geistige Leben, der objektive Gehalt einer jeden Bildung überträgt sich als Tradition. Das Schwierige der Übertragung, die mühsame, auf Studien angewiesene Art der Überlieferung, das ist das Kennzeichen einer priesterschaftlichen Bildung: solcher Art ist die heute herrschende und als solche allein angesprochene Bildung.

Zu einer Volksbildung dagegen gehört die leichte, beinah absichtslos im Leben selbst entspringende Tradition. Dieses „im Leben selbst" ist das Kennzeichen einer Volksbildung.

Wenn ich jahrelang Latein treiben muß, um irgendwelchen Bildungsgutes teilhaftig zu werden, so ist ein priesterschaftliches Bildungsgut gemeint. Wenn ich aber auf dem Marsch im Feld hundert Marschlieder gelernt und zugleich an Ort und Stelle gebraucht habe, wozu man eben Marschlieder braucht — um sich den Marsch zu verkürzen, zu beleben, aus einem Nutzmarsch in einen Kraft- und Freudezug zu verwandeln: da habe ich ein volksmäßiges, laienhaft übertragenes Bildungsgut aufgenommen.

Es ist gegenwärtig in Deutschland, in Westeuropa und überhaupt in der industriellen, verstädtischten Welt nur noch ganz wenig solches Bildungsgut am Leben, und das was noch lebt, zeigt eine Verrohung und Gehaltlosigkeit ohnegleichen. Es leben, in der Musik etwa, nur ganz wenige Volkslieder, während die Kino- und Nachtcafé- und Tanzmusik einen kümmerlichen Ersatz reichen: im allgemeinen ist unser Volk in seinem Werkleben ohne Musik. Und so auch ohne Bildkunst; unsere Handwerker schaffen künstlerisch nichts Bedeutungsvolles mehr. Wir sind barbarisch geworden und kennen eine gehaltvolle Volksbildung nur noch aus ihren Trümmern.

Nun gibt es eine Volksbildungsbewegung, die dem Verfall steuern will, und sie hat zwei Wege übrig. Sie könnte versuchen, recht viele Menschen durch kunstvolle Veranstaltungen in jene besondere Schulung zu nehmen, wodurch man in den Einsiedlerorden der Priesterschaft gelangen kann — kann, wenn Begabung, Ausdauer und Mittel dazu langen. Es wurde ja schon gesagt, wie ungemein schwer es ist, so stark die Arbeit jener Schulung an sich zu vollziehen, daß sich ein geistiges Reich in nnser Leben hineinbaut. Die meisten erreichen ja nur den Vorhof solchen Geistdaseins; der große Strom ihres Daseins bleibt ihnen doch alltäglich. Sie sind und bleiben eklektisch oder halb gebildet, und das heißt doch eben auch: ohne das Glück und den Schwung geistigen Daseins. Und die große Besorgnis des nur priesterschaftlichen Weges der Volksbildungsbewegung liegt darin. Er ist eben keine Lösung der Aufgabe: so ist Volksbildung als Laienbildung nicht möglich.

Es bleibt ein zweiter Weg: die Regungen laienhafter großformiger Bildung sind noch nicht alle erstorben. Die Musik der laienhaften Tradition scheint Operette, Gassenhauer, Grammophon und Orchestrion: so in der verstädtischten Welt. Aber daneben singen die Dorfmädchen abends Arm in Arm ihre Volkslieder, spielen die Großstadtkinder ihren alten Ringelreihen zum Sprechgesang, singen die Soldaten auf dem Marsch noch eine gute Musik. Und ist die gemeine Sprache der Gasse und des einfachen ungeschulten Mannes bereits ein geistig verödetes Tun? Doch vielmehr eine bildhafte, absichtslos überlieferte, phantasievolle Sprache, die da lebt, die gerade noch lebt. Nur sie wagt sich nicht ans Licht, sie muß sich in der Öffentlichkeit schämen, sie schämt sich sogar in der Zeitung (die doch sprachlich Stufe des Grammophons ist), sie ist verfemt. Durch den herrschenden priesterschaftlichen Bildungsbegriff verfemt. Eine ganze Zahl solchen edlen Laiengutes lebt noch sein kümmerliches Dasein in der Verbannung. Nun könnte das als ein besserer Weg zur Volksbildung scheinen, alle diese geächteten Überbleibsel zu erhalten und sorgsamer zu pflegen, sie auszugraben und wieder gedeihen zu lassen. Aber das ist ein vermessenes romantisches Werk, und es könnte bestenfalls konservieren, wie der Heimatschutz das tut, aber nicht schöpferisch sein. Die verstädtischte Welt wird durch diese Arbeit nicht erreicht; man würde über eine Mode nicht hinauskommen. Es ist das der Don Quixote-Weg der Volksbildungsarbeit.

Aber ein Drittes könnte geschehen und eine ganz neue eigentümliche Lage schaffen. Es könnte eintreten, daß die priesterlich geschulte und halbgeschulte Schicht ihre eigene Struktur irgendwie auflöst. Vielleicht daß die Gebildeten selbst einen ganz anderen Sinn und Weg ihrer Bildung sich auftun. Daß unser Lebensgefühl und der Aufbau unseres geistigen Lebens sich derart regenerieren, daß ihr Gehalt Laiengut wäre. Eine ungeheuerliche Wandlung; denn sie würde einen neuen Aufbau der höheren priesterlichen Bildung mit sich bringen. Mit der ganzen Laienwelt aber würde die ein gemeinsames geistiges Fundament haben, und damit würden auch jene Regungen in einem ganz anderen Sinne wach werden, die noch als verfemtes Laiengut heute, in der Verbannung, im Volk ihr dürftig Leben haben.

Wir glauben diese Regeneration, wir sehen diese Wandlung. Sie ist die gewaltige Erscheinung unserer Tage. Ihr Gang ist durch die gewesenen und kommenden politisch-wirtschaftlichen Katastrophen beirrt, aber es ist noch nirgends gegen ihn entschieden. Ihn nicht glauben heißt, sich von Wiedergeburt ausnehmen wollen. Ihn nicht sehen heißt, außerhalb der Wandlung stehen.

So gelte uns nun einmal als freilich unbewiesene Annahme, daß diese Wandlung vor sich geht, daß sie mit großen geistigen Umlagerungen und Gewittern verbunden ist, die ihren eigenen Gesetzen folgen. Alsdann sicherlich ist dem Schulwesen sowie der Volksbildungsbewegung ein neuer Begriff von Laienbildung vorauszudenken, und von diesem Begriff ist nun zu reden.

2

Die Stellen, wo ein großes, gehaltvolles Geistleben über eine ganze Menschengruppe, ein Volk, einen Erdteil, eine Welt, kommen kann, sind vor allem die zwei Gebiete Kunst und Religion. Wir sprechen hier von verstädtischter Welt der Industrieländer, in denen Religion oft ganz abgestorben ist, oder ihre zentrale Gewalt nicht mehr ausübt wie in alter Zeit. Wir sprechen auch für eine kulturgeschichtliche Stufe, auf der Religion im kompakten Sinne des mythologischen, durch Wissenschaft gefährdeten Glaubens nicht mehr da ist. Wir schalten diesen Ort geistigen Lebens aus der Betrachtung zunächst aus und schauen auf den anderen: die Kunst Ihre Bedeutung als Konstituierende des geistigen Lebens hat eine seit 150 Jahren blühende Wissenschaft von der Kunst durchaus gesehen. Kunst ist als die große, einzige nicht-asketische Lebenspraxis angeschaut worden, die uns grober Sinnlichkeit enthebt, unser Sinnendasein geistig macht, ohne unsere sinnliche Natur zu fälschen. Ist aufgefaßt worden als das Absolute, was uns im Endlichen begegnet, aus ihm rettet. Von ästhetischer Erziehung des Menschen hat Schiller gesprochen, und die ganze deutsche Ästhetik hat darauf gebaut — während zu gleicher Zeit das industrielle Jahrhundert heranzog, das in einer Weise Kunst unserem Leben entfremdete, wie keins zuvor. Aus tiefen Einsichten dieser reichen Generation von 1790–1810 ist keine Lebenspraxis herausgewachsen. So auch aus ihren kunstphilosophischen Einsichten nicht. Der merkwürdige Geschichtsprozeß, durch den wir nach den napoleonischen Kriegen bis gegen 1840 die geistige Führung in Europa wieder verloren haben, ist uns noch nicht lebendig genug bewußt und wartet noch auf seinen Geschichtsschreiber. Die großen Gedanken einer geistigen Wiedergeburt sind nach dem ersten Ausbau im Zeitalter Goethes nicht wieder ins praktische Leben weiterentwickelt worden. Besonders die romantische Richtung war voll von Ansätzen zur Regeneration. Die klassische Ästhetik hat die geistigmachende Kraft der Kunst, ihre sinnlich metaphysische Doppelheit gesehen — wie diese Grundeinsicht lebenspraktisch werden, sich neu im Leben erfüllen kann, muß nun bestimmt werden: wie Kunst mit solcher geistigen Wirkung im Volk soll leben können.

3

Es wird sich das zunächst an der Musik zeigen lassen. Unser Volk hat die größte Musik geschaffen, und doch ist heute die Musik im Volksganzen tot. Wir haben Kompositionen, Opern, Konzerte, Virtuosen, ausgezeichnete Kapellen und Dirigenten; wir haben in einer Menge gebildeter Häuser eine Pflege der besten Hausmusik, die von Bach bis Reger eine Literatur zur Verfügung hat, wie nur eine allerbeste Kunstüberlieferung sie haben kann. Alles das ist priesterliche Musik, die für Höfe und gebildete Bürgerhäuser geschaffen ist; sie ist nur Gebildeten zugänglich und überträgt sich durch ein sehr verzweigtes freies Schulwesen, also nicht laienhaft. Die große Volksmenge weiß von dieser Musik nichts, deren Schönheit sie dunkel ahnt, wenn sie Wagneropern und Liedertafeln besucht. Viele musikalisch begabte Leute werden auch durch Chöre und Konzertbesuche geschult, lesen Bücher über Musik, hören Vorträge und Einführungen, erwarten in Volkshochschulen, daß ihnen volles Verständnis eröffnet wird: sie bleiben doch einzelne in einer Menge, der die Musik tot bleibt. Nur an einzelnen Stellen ist die Musik noch volksmäßig: in den Kirchen beim Choralsingen, wo Orgelspieler und Gemeinde in eine Kunstübung zusammenfließen, und in der Tanzmusik, die in Verflachung und Gehaltlosigkeit ihr Hintertreppendasein führt. Beide Arten der Musik sind volksmäßig ohne weiteres verständlich; die Tanzmusik deshalb, weil sie nichts ist als eine Tanzgestaltung, und den Tanz kennt jeder und versteht seinen künstlerischen Sinn unmittelbar, vom Mittun her. Der Choral, weil die Gemeinde ihn selbst mit ausübt und die Tradition des Mitsingens und Miteinstimmens in den Kirchen Gebrauch ist, und weil die Stimmung, von der er getragen wird (die der Andachtsgemeinde), jedermann verständlich, bekannt und lieb oder wenigstens einmal lieb gewesen ist. Also die noch volksmäßige Kunst hat nach diesen zwei Beispielen die Eigenart, künstlerische Gestaltung von jedermann verständlichen Stimmungen und

Situationen des wirklichen Lebens zu sein. Und die Eigenart, daß sie in den Lebenslagen auch wirklich geübt wird, für die sie geschaffen ist, daß sie gleichsam angewandte Kunst ist. Die Konzertmusik und die Hausmusik der gebildeten Stände ist das nicht. Sie führt ihr Dasein in gänzlicher Loslösung vom wirklichen Leben. Ihre eigentlichste Leistung hat diese höfisch bürgerliche Musik für den ganz einsam sich Versenkenden, der in einer Stunde der Besinnung, die willkürlich in seinem Leben auftritt, sich eine vom Leben gelöste, gleichsam abstrakte musikalische Welt aufbaut und in ihr seine große Stunde hat. Ein still Versunkener, vom wirklichen Leben getrennt: für den erfüllt diese Musik ihren letzten Sinn. Wann er zur Musik greift, ist bestenfalls rein persönlich bestimmt: wenn er Ruhe hat und Feiertag, dann weckt er sich durch Töne ferne fremde Welten auf: Schmerz und Jubel, Heldentum und lyrische Versenkung, Feierlichkeit und Tanz: das ganze mannigfaltige Leben drängt sich ihm auf kleinem Raum in kostbarer Mischung ins Ohr, und er ist in Abenteurerfernen, Vergangenheiten, Wolken gewesen kurz nacheinander, in einer kontemplativen, gesammelten Seelenstimmung.

Nur ein Zerrbild dieser letzten Wirkung zeigt meistens die übliche Musikausübung: die Stimmungseinheit, die der einsam Musizierende durch gespannte innere Sammlung erreicht, wird durch die öffentliche oder gesellige Musikausübung meist ganz vernichtet. Es muß dann kraß empfunden werden, daß diese Musik im Leben als ein abstrakter Körper steht. Wenn eine Tischgesellschaft sich nach einem Mittagessen von der Sängerin am Klavier das „Schlaf süßes Kindchen" und danach einen Marsch und dann ein Liebesduett vorführen läßt, sei es die beste Musik in bester Ausübung, wie soll das dem Leben gewöhnlicher Menschennatur eine geistige Gestalt geben? Die Konzertprogramme zeigen die gleiche innere Gesetzlosigkeit. Die Kunststücke eines Virtuosen, eine Reihe von Wiegen- und Liebesliedchen, und dann eine unerhört konzentrierte große Symphonie, wie soll das zusammengehen? Welche Virtuosität, sich zu sammeln und innerlich umzuschalten, setzt das eigentlich voraus? Wie ganz nur mittelbar lebt diese Musik in der Menge!

Wo aber Musik unmittelbar lebt, da werden die Wiegenlieder an der Wiege gesungen, die Märsche auf dem Marsch geblasen, Verliebte singen die Liebeslieder, und abendlich Feiernde singen die Abendlieder und die epischen Lieder mit dem Erinnerungston, Balladen und Geschichte. Die Musik als unmittelbare, angewandte Kunst erfüllt dann eine ganz andere

Leistung im Leben. Sie gibt ihm gesetzvolle nicht willkürliche Geistigkeit, und darin liegt der Grundunterschied zwischen der Laiengeistigkeit und der von heutigen Gebildeten. Wenn Musik unmittelbar da ist, so gestaltet sie eine Lage des wirklichen Lebens; sie gibt irgendeiner Lebensstimmung Ausdruck in den ganz bestimmten Fällen, wo ein sinnlich geistiger Ausdruck mit den Mitteln, dem Material irgendwelcher Künste — meist gleich mehrerer Künste — möglich ist. Der Ausdruck dieser Art gestaltet, das heißt, er nimmt dem Augenblick das Rohe und Chaotische. Besonders solche Situationen, die aus geselltem Leben sich ergeben, bedürfen am stärksten der Bannung des Chaotischen. So ist uns jede Rührung peinlich, die uns unter Menschen überraschend ergreift: wir werden etwa eines großen Leides inne, einer ganz bedeutsamen Stunde, einer geöffneten Seele, die sich sonst verhüllt. Augenblicke des Wiedersehens oder des Abschiedes, des Todes, der Hochzeit, in denen Gefühle erschütternd in uns aufwallen und nach Bannung und Gestalt, nach gesetzmäßigem Ausdruck verlangen. Wenn wir nun Gesang haben und Worte, dann löst sich das Peinliche fort, Rührung bleibt, aber sie ist nun mit eins bedeutsam und erquickend geworden. Unmittelbare Musik — überhaupt angewandte Kunst vertreibt das rohe bloß leibhafte Dasein eines augenblicklichen Gefühls und gestaltet einen dumpfen Winkel unseres Daseins in einer dann denkwürdigen Form. Das Gesetzliche verewigt zugleich. Damit reiht es den Augenblick in einen Gesamtstrom höheren Lebens ein, in dem alle diese denkwürdigen Augenblicke sich untereinander berühren, steigern und allmählich eine Bedeutungsverbindung geben, die eigentlichstes Merkmal eines geistigen Lebens ist.

Beinahe jeder Mensch ist solcher Urwirkung der Kunst zugänglich; schon das spielende Kind bewegt sich rhythmisch, spricht und singt; und jeder Mensch beinahe trägt in seiner Kehle das einfachste Instrument, um solche Wirkung mitzuerzeugen. Musik ist deshalb wohl die elementarste Art der Vergeistigung von Situationen des gesellten Lebens. Alle höhere Musik trägt die Züge dieses Ursprungs an sich. Auch in den kompliziertesten Werken höfisch-bürgerlicher (sagen wir humanistischer) Musik, die eigentlich in versunkener Einsamkeit genossen sein wollen, ist dieser Ursprung aus der angewandten Kunst erkennbar.

Offenbar hat es vor nicht sehr langer Zeit bei uns solche lebendige Musik noch viel gegeben. Es wurde schon angedeutet, wie Marschlieder der Soldaten, Wächterlieder, Arbeitsgesänge von Handwerkern und Bauern,

Schiffern und Bergleuten die Verklärung von Arbeit und Alltag leisteten. Bei ihren Lustbarkeiten, da sang man die Tanzlieder: damit war dem Tanz das Rohe bloß rhythmischer Bewegung genommen; und bei den Andachten, das ist in der Kirche, gestaltete sich die Gemeinde durch Gesänge. Und das war dann auch der Ort für die hohe Musik der großen Meister: die Kirchenmusik ist noch immer unmittelbar gewesen, sie steht im Leben selbst, sie gestaltet die sonst stumpfe Andachtsgemeinde, an dieser Stelle liegt wahrscheinlich der ewige Ansatzpunkt für die hohe Musik. Ihr Ziel reicht weiter als die reine Laienkunst. Sie sucht rhythmisch im Leben wiederkehrende Stunden der Andacht einer großen Volksmenge zu gestalten, indem sie die Metaphysik in ihrer ganzen Stärke erschallen läßt, die Verhärteten erschüttert, und das Lebensganze, nicht nur eine gesellige Zufallsstunde, ins Wesentliche hebt. Sie verbindet sich dann mit anderen Künsten zu großen Gesamtwirkungen und zum Gesamtkunstwerk. Wo die hohe Musik diese ursprüngliche Aufgabe noch erfüllt hat, da ging dann mannigfache Wirkung in die angewandte Musik des Volkes über. Schon daß alle Kirchen Chöre zu bilden suchten, daß eine große Zahl Kantoren und Organisten überall verteilt saß, den Kontrapunkt beherrschte und mit der Musik frei zu schalten wußte, teilte sich mit; und zahlreiche Instrumente waren damals noch in Gebrauch bei den Laien, viele Kleinbürger und Waldarbeiter gab es noch in der vorigen Generation im Gebirge, in musikalischen Gegenden, wie man jetzt noch sagt, wo mancher den Baß, das Horn, die Flöte nebeneinander spielen konnte, und wo das Zusammenspiel vieler Instrumente beim Tanz, bei Festzügen und in der Kirche gekonnt wurde. Die Noten hatte der Kantor, oft hatte er sie selbst geschrieben im großen Ton der traditionellen Musik, und man schrieb sie sich ab, man wußte sich zu helfen, frei mit dieser Kunst zu schalten und sie so in den Dienst des gemeinen Lebens und der reinen Laienkunst zu stellen. Das Verhältnis der hohen zur laienmäßigen Kunst war gesund. Das alte Deutschland zeigt so ein Bild wirklicher musikalischer Volksbildung: das Werkleben des einfachen Mannes ist durchsetzt gewesen mit angewandter unmittelbarer Musik, und zugleich hat die hohe Musik auf dem Weg über die Kirche eine Stelle gehabt, wo sie volksverständlich und angewandt blieb. Erst in der höfisch-humanistischen Zeit hat sie sich allmählich von der Kirche und damit von ihrem volkstümlichen Fundament gelöst. Gegenwärtig ist die alte Tradition fast erloschen, die Volkslieder, Reigen und Choräle haben sich in den industrialisierten Ländern nicht halten können, die hohe Musik zog alle soziale Achtung auf sich und verlor die Erinnerung ihres Ursprungs — alle Versuche der Romantiker, an das Volkslied und die alte Kirchenmusik wiederanzuknüpfen, haben daran nichts geändert, die Trennung ist geblieben.

Und doch ist Begabung und Neigung so ursprünglich wie je in den Völkern unseres Kulturkreises vorhanden. Nur die Führung fehlt. Zwar heißt es „Frisia non cantat" und „die Engländer sind unmusikalisch", also ganze Völker und Stämme erfüllen die Voraussetzung nicht. Aber die Engländer und Friesen haben beide vor der puritanischen Zeit eine angewandte Musik im Mittelalter besessen; und von den übrigen germanischen Stämmen ist uns ja gewiß, daß sie nach Musik dürsten, und daß sie ihnen Bedürfnis ist. Das musikalische Können muß erworben werden; es muß in einem Volke eine große Zahl in jeder Schar verteilter Menschen geben, denen Musik ein besonderes Bedürfnis ist, und die ein Können sich erwerben, damit sie in ihrer Schar Führer zur Musik werden. An diesen Könnern innerhalb der Laienschaft hat es noch nie gefehlt, sobald Raum für sie war. Sobald Musik im Leben selbst auftreten darf, stellen sie sich ein. Noch in jeder Kompagnie ist einer aufgetreten und hat angestimmt, hat das große Gedächtnis gehabt und schnell jedes neue Lied aufgefaßt und behalten. Was ihn zum Vortreten verlockt, was ihn produktiv macht, das ist der Chor. Zunächst muß die Kunst chorisch sein, die im Volk ein Leben haben will. Sie muß Gemeinschaftskunst sein. Im Chor wird jeder Mensch produktiv wie der Führer, das ist sein Wesen. Nicht ein Könner übt die Kunst, dem die anderen einsam zuhören; sondern der Könner setzt ein und führt, die anderen stimmen ein. Alle im Leben unmittelbar stehende Kunst muß so geartet sein, daß alle, denen sie Ausdruck ihrer Ergriffenheit ist, im Chor einstimmen, mit produktiv werden, beteiligt und Könner minderen Grades werden. Der Genuß solcher Kunst ist produktiv; von „Genuß" da zu reden, ist sogar falsch, chorische Kunst hat man, genießt sie aber nicht, als stände man ihr fremd gegenüber. Sie ist so geartet, daß sie alle von ihr Erfaßten zu Mittätigen macht. Und sie tut es offenbar, wie ginge das sonst, weil sie ein Geistiges ausdrückt, das allen gemeinsam ist — oder nochmals gewendet: weil sie von einem gemeinsamen Inhalt, von einer Situation des wirklichen Lebens, das eine Schar ergreift, ausgeht; und dieses Gemeinsame und Wirkliche macht sie zu einem Geistigen, dem nimmt sie das rohe Bloß-Dasein und stellt es in einen höheren Strom ein, der alle ergreift. Nicht als ob sie von einem

Geistigen ausginge, das im Willkürlichen schwebt, und daß sie solch irrlichterierenden Geist einfinge und ihm einen Formleib anzöge. Umgekehrt, schon gegebene Wirklichkeit, die zwischenmenschlich im Leben auftritt, die ergreift sie, daran bindet sie sich, das bestimmt ihre Form.

4

Von dieser Einsicht aus lassen sich schon pädagogische Forderungen stellen. Eine neue Laiengeistigkeit auf musikalischem Gebiete läßt sich durch künstliche Maßnahmen nicht erreichen, und es hätte keinen anderen als bloß utopischen Sinn (auch das ein tiefer und wirkender Sinn), wenn man Musik wieder zur angewandten Musik machen wollte durch irgendwelche Schulung. Es muß im Gehalt und Aufbau unseres Lebens die Wandlung sich vollziehen, auf die im Anfang gezählt war. Es müssen im wirklichen Leben gemeinsame Inhalte wieder stark gefühlt und als kosmisch bedeutsam gefühlt werden, danach kann chorische Musik neu ein Mittel werden, diese Inhalte zu gestalten, wo Gelegenheit das verlangt. Nur von innen heraus kann solche Musik uns wieder notwendig werden. Aber die Pädagogik soll die Wandlung voraussetzen: wo sie solche Voraussetzung im wirklichen Leben aufrechtzuerhalten vermag, da entstehen Lebenslagen eines neuen Menschen und seiner neuen Bildung. Und so kann wie oft in Zeiten der Wiedergeburt allerdings die bewußte Erziehung eine geschichtliche Arbeit tun. Die Erziehung zur Musik selbst muß schon Lebenslagen herstellen, die chorisch angewandte Musik innerlich notwendig macht. Die eigentümliche Stätte solcher Doppelwirkung nennen wir die pädagogische Gemeinschaft: eine Gemeinschaft von Menschen, die sich selbst erziehen wollen oder einem Führer, einem Könner, einem Lehrer folgen. Indem sie irgendein Ziel verfolgen (Lehre, Aneignung musikalischen oder sonstigen Könnens), aber auch wenn sie ganz zweckfreie Lebensgemeinschaften junger sich bildender Menschen darstellen, erfahren sie die Zwingungen, die eine kultische Musik möglich machen. In einer solchen pädagogischen Gemeinschaft ist im Idealfalle Aneignung eines Könnens und Anwendung im Leben zugleich da. Die Musikerziehung kann diesen Idealfall bilden. Aufgabe der Musikerziehung durch pädagogische Gemeinschaften wäre also: im Erlernen musikalischen Könnens zugleich ein Gemeinschaftsleben höchster Art zu sein. Eine anspruchslose Aufgabe und doch das Höchste, was sich pädagogisch überhaupt erreichen läßt. In diesem Doppelsein der pädagogischen Gemeinschaft, deren natürlicher Ausdruck die Gemeinschaftskunst ist, liegt die Urform zukünftiger pädagogischer Organisation vor. Nur diese Form, so scheint es für unsere Generation wenigstens, löst die Frage einer Bildung des Menschen in eine neue Laiengeistigkeit hinein. Nur wo dieser Weg begangen wurde, ist eine losgelöst priesterliche Bildung vermieden worden.

Wie würde in dieser neuen Pädagogik eine musikalische Ausbildung vor sich gehen müssen? Ein Führer zur Musik, der ein starker Könner wäre, zugleich ein Mensch, der total genug ist, um Menschen führen zu können, der würde eine Schar um sich sammeln und mit ihr singen. Lieder lernen ist schon musikalisches Leben. Schon das Lernen, indem man einem Vorsinger beistimmt, ihm immer besser folgt, zuletzt mit ihm das Lied beherrscht, schon das ist ein Ausdruck, der denkwürdig bleibt und uns als eine Handlung voll Bedeutsamkeit in Erinnerung haftet; tagelang summen uns Stücke der Musik in den Ohren, rufen die Stunde des abendlichen Singens in die Erinnerung zurück, lassen uns unbestimmt an die Gesellen denken, die mit uns sangen und gleichsam mit uns im Paradiese waren. Dieses gemeinschaftstiftende Grunderlebnis muß vorausgesetzt werden, wenn dann musikalisches Können und technisches Hilfswissen untergebaut werden sollen. Wird doch schon im Wilhelm Meister der Weg gewiesen. Im Anfang des zweiten Buchs der Wanderjahre heißt es: „Bei uns ist der Gesang die erste Stufe der Bildung, alles andere schließt sich daran und wird dadurch vermittelt. Der einfachste Genuß sowie die einfachste Lehre wird bei uns durch Gesang vermittelt und eingeprägt... Deshalb haben wir denn unter allem Denkbaren die Musik zum Element unserer Erziehung gewählt, denn von ihr laufen gleichgebahn'e Wege nach allen Seiten."

Wirklich nach allen Seiten gebahnte Wege gehen vom Gesang aus. Der einstimmige Gesang gliedert sich in den vielstimmigen. Männerstimmen gliedern sich Frauen, Knaben an. Ein vierstimmiger **a capella**-Satz hat die größten Entwicklungsmöglichkeiten. Rein musiktechnisch kommt es darauf an, daß die Begabten in der Schar ihn verstehen und seine Gesetze allmählich wissen und handhaben lernen. Und menschlich gilt es, ihn kultisch so wirken zu lassen, wie er das seinem Wesen nach verlangt. Ein vierstimmiger Satz kann die ganze Metaphysik unseres Daseins aussprechen. Nun weiter gilt es, den Gesang durch Instrumente teilweise zu ersetzen — Instrumente vor allem, die sich im Freien verwenden lassen: und damit hat die von einem totalen Menschen geführte Schar eine Fülle der Mittel in der Hand, um ihr Leben geistig-kultisch zu gestalten: beim Tanz, beim Wandern über den Bergfirst, beim Marsch, beim Ansingen der Mädchen, bei Fest und Andacht, Feter von Mai, Sonnenwende, Ernte, Weihnacht — und größere Gelegenheit wird eine zukünftige Gesellschaft bringen, wenn erst solche Gemeinschaften sie durchsetzt haben, und die Gesinnung kosmischer und irdisch solidarischer Lebensbindung damit neu in die Welt tritt. Der Meißnertag der Freideutschen Jugend ist ein Vorschmack davon gewesen. Ganz laienhaft wird sich so entstehende Musik weiterverbreiten: ein jeder, der in den musikalischen Gemeinschaften spielend, lebend gelernt hat, wird ein Bildner neuen Könnens und kultischen Lebens um sich herum werden. Sein Können steckt an, die Lust, es aufzunehmen, entzündet sich von selbst um ihn.

Wir haben Ansätze solcher neuen Laienkunst in der Musik erlebt und zwar wirklich in pädagogischen Gemeinschaften: nämlich in der Jugendbewegung. Diese autonome, in der Jugend selbst entstandene Strömung, die von selbst solche bildende Gemeinschaften erzeugt hat und dauernd weitererzeugt, ist in der Tat schon der Boden solcher Kunst geworden. Seltsamerweise haben diese Gemeinschaften instinktiv die einzige Tradition angewandter Musik ergriffen, die noch am Leben ist. Sie haben sich in diese Tradition hineingestellt und damit doch das Tau gepackt. Die Volksliedüberlieferung, dieses alte Feuerchen, das da noch in romantischen Winkeln glomm, hat ihnen die Fackel angesteckt. Daß die neue Tradition noch nicht mächtiger und vor allem schöpferischer geworden ist, hat in dem neuerlichen Bruch durch den Krieg seinen Grund zum Teil. Sieghaft kann sie erst werden, wenn sich musikalisch produktive Menschen in diesen Gemeinschaften einfinden, Künstlermeister, damit durch sie aus der wildgewachsenen dünnen Tradition etwas Gewaltiges wird. Es fehlt noch die ungewollt sich verbreitende Schulung der Begabten und die Aufnahme der Schöpferischen; erst dieser Vorgang wäre die Geburt einer neuen Bildung: daß die Schöpferischen wieder in solchen Gemeinschaften Volk werden. —

So muß auch die bewußte Musikerziehung im Dienst der Jugendbewegung oder anderer pädagogischer Gemeinschaften stehen. Sie muß die Musik sogleich im Leben zur Anwendung bringen, sie muß jede höhere, fachliche Musikausbildung im Zusammenhang mit angewandter Musik entstehen laſſen, ſie muß dann letzlich eine hohe Muſik ſchaffen, die wieder wie die alte kirchliche Kunſt eine Gemeinſchaftskunſt iſt, die ſich wieder dem Gemeinleben (zunächſt den päbagogiſchen Gemeinſchaften) eingliedert: ſo daß alſo die künftige prieſterliche Kunſt der laienmäßigen und dem Lebenſelbſt wieder anwächſt.

Die Künſtler ſelbſt haben alſo das letzte Wort: ob aus den neuen Gemeinſchaften ernſte Künſtlerarbeit genug entſteht, um die Tradition der hohen Muſik auf die neue Stufe umzuleiten, das muß entſcheiden. Volksbildung und prieſterliche Bildung ſtehen miteinander in Wechſelbeziehung. Heute lebt die eine ein abſtraktes, lebenentfremdetes Daſein auf Koſten der anderen, in Zukunft ſollen beide in geſunder Verwachſung miteinander ſtehen. —

Für die ſchöpferiſche Volksbildungsarbeit iſt damit der einzige Weg nach letztem Ziel hin abgeſteckt. Alle Arbeit, die nicht von dieſem Zentrum ausgeht, die große Wandlung nicht vorausſetzt, die die ſchöpferiſchen Menſchen nicht zu ſich zieht und den Begriff der Laienbildung nicht klar kennt, kann zwar Einzelmenſchen der lebenden Generation ergreifen, aber nicht an der neuen volksmäßigen und umfaſſenden Bildung mitſchaffen, muß kümmerlich Stückwerk leiſten. —

5

Beſchauen wir ein nächſtes Gebiet, die Sprachkunſt. Das iſt der königliche Garten laienmäßiger Bildung.

Sprache iſt Technik (ein Werkzeug des Menſchen), und Sprache iſt kunſtmäßiger Ausdruck, ſie hat ſolche doppelte Wirkſamkeit und Sinn. Daß beide Seiten zugleich da ſind, iſt der gegebene Zuſtand. Die Kunſtſeite kann unvermiſcht und ſelbſtzweckhaft erſcheinen, ſo reden wir von Dichtung; aber die techniſche Seite kann nicht ohne die ausdrucksmäßige erſcheinen. Das iſt überraſchend, aber ſelbſt die wiſſenſchaftliche Sprache nähert ſich wohl dem Ziel rein techniſcher Sprachverwendung ſehr ſtark an, erreicht es aber nicht; es ſei denn, die lebendige Sprache werde ganz bei ihrer Darſtellung ausgeſchaltet, wie in der Mathematik und in der deduktiven Logik und gewiſſen Teilen von Phyſik und Chemie. Dann handelt es ſich nicht mehr um Sprache als Technik, ſondern um „reine Schrift". Von dieſem Grenzfall abgeſehen iſt das praktiſche Leben auch in seiner rein technischen und bloß nutzhaften Gestalt von ausdrucksgeladener Sprechart voll. In der geringsten bloß technischen Mitteilung ist geistiger Ausdruck unvermeiblich; an jedem Telegramm, jeder Zeile Zeitung, jeder eilfertigen Postkarte läßt sich der Mensch erkennen, der da gesprochen hat, Sinnesart, Charakter, Reife, Lebensgefühl sind unverhohlen geäußert. Ein Ausdruck, mit dem wir ganz ohne Wissen und Willen alle Mitteilungen stempeln — unsere Eigenart, aber auch Stand und Stamm und Volk, und alle zugleich, drücken sich darin aus. Sie ist ein Verräter des Inneren weit deutlicher als Gesichtszüge und sonstiger graphologischer Stoff.

Jeder geistige Zustand bildet sich in der Sprache unmittelbar ab; die Bildung zur Sprache wäre so gar kein sonderlich fragwürdig Ding: so viel an geistigen Inhalten im Volk ist, so viel ist in seiner Sprache ausdrucksmäßig da: nährt sich das eine, so gedeiht das andere von selbst, denn Tradition erlischt hier nicht, Sprache ist unvermeidliche Tradition. Und doch ist eine Spannung da, die über die wirkliche Sprachbildung im Volke entscheidet. Sie liegt darin, daß Sprache einmal doch die Menschen durch Mitteilung verbinden will, dann aber alle Gruppen eine andere Sprache sprechen: schon zwei Familien haben nicht die gleiche Sprachmelodie und den gleichen Wortschatz, zwei Dörfer und Stadtteile nicht, zwei Stämme nicht, zwei Stände nicht. Die allgemeine Sprache der Gebildeten, die Schriftsprache, entsteht und genießt als Sprache der Oberschicht eine soziale Achtung besonderer Art; sie wird das Ideal aller Sprachgruppen, aller übrigen Schichten. Sie wird aufgenommen von immer mehr Menschen, deren naturwahrer Ausdruck sie nun nicht mehr ist. Jeder hat solchen Vorgang um sich herum gesehen: die in die Stadt wandernden Bauern, die nun Städtersprache annehmen. Naturwahr ist die gebildete Sprache nur einer ganz kleinen besonders geschulten Schicht vorwiegend wissenschaftlich gerichteter Menschen. Allen anderen paßt das Kleid nicht ganz auf den Leib.

Da wächst nun die üppigste Verbildung auf. Die so ihrer naturwahren Sprache beraubt sind, denen ist die bildende Tradition zerbrochen, sie haben zugleich alles verloren, was an geistigem Besitz, an Phantasiewelt und kultischem Gefühl in der Sprache sich überlieferte, den ganzen Schatz der köstlichen Wendungen, Sprüchlein, Bilder, Sprichwörter, Schnurren, Lieder, Mären — je nach dem Grade ihrer Verbildung. Denn die gebildete Sprache, wie sie heute ist, enthält davon nicht mehr viel; statt kontreter enthält sie blaß abstrakte Ausdrücke, ihre Sprüchlein, Bilder, Beispiele, Schnörkel und Schnurren nimmt sie nicht mehr aus dem Leben von Hinz und Kunz, die nimmt sie aus der Literatur, also aus zweiter Hand, wodurch sie alle so ein abgegriffenes und stubenhockerisches Aussehen haben.

Vergeblich würde man sich dem widersetzen und in guter Heimatschutzgesinnung den einfachen Menschen irgendwie ihre Mundart zu erhalten suchen. Früher gliederte sich die Sprache konservativ nach den Städten und Landschaften, sie begehrte nicht über sich hinaus, jeder trug gleichsam Berufs- und Landesuniform ohne Scham, und so stand sie jedem. Undenkbar ist das für die gegenwärtige Zeitstufe. In der Einheitstendenz unserer wirtschaftlich-technischen Einrichtung ist die sprachliche Vereinheitlichung des Volkes enthalten. Wir sehen schon die Zukunft vor uns, wo nur eine Sprache da ist, die gebildete Sprache, die wir auch schreiben.

Offenbar liegt das Problem Volksbildung dann so: von der Sprache der Gebildeten wird es abhängen, ob die Sprache ein unmittelbar geistiges Leben aus erster Hand im Volk je wieder haben wird. Ob die Gebildeten selbst einfacher, ruhiger Seele voll werden, daß die hohe Qualität der Volkssprache ihnen Natur wird. Unter solchen Voraussetzungen wird auch die noch nicht verbildete Volkssprache weiter Gaue Einfluß haben, genau wie das Volkslied Einfluß hatte auf den Gesang der Gebildeten, als Musik wieder unter ihnen unmittelbares Leben gewann. Das ganze noch lebendige hochwertige Sprachgut der Mundarten kann in unserer Einheitssprache neu vorbringen, in viel berberer Art, als das in den letzten zweihundert Jahren geschah. Ich denke, daß unser Lebensgefühl danach verlangen wird: die unmittelbare, griffsicher anschaulich volkstümliche Sprache ist der Ausdruck einfacher, großer, ruhiger, im Weltganzen sich fühlender Naturen: das ist was wir ethisch für unsere Zukunft überall wollen. Darin wieder besteht die Wandlung, die wir hypothetisch voraussetzen wollten. Damit ist ein neues Sprachideal gegeben. Es ergreifen, heißt sich der Wirkung der gebildeten Gelehrtensprache entziehen.

Sprachliche Volksbildung ist möglich, wenn solche rückläufige Bewegung sich ereignet hat und die nachahmenden Schichten in dem Ideal der Gebildeten wiederfinden, was sie früher viel besser gekonnt haben.

Die pädagogischen Folgerungen sind seit längerem gesehen worden. Die Sprachbildung im Sinne der Einheitssprache liegt in unserem Volke zu großem Teil in Händen der Schulen und der Presse. Die Presse wird wohl in absehbarer Zukunft nicht pädagogisch durchbringbar werden, die Schulen aber werden die Grundsätze der neuen Methoden des Deutschunterrichts im Sinne solcher Zusammenhänge erfassen. Pflege der Mundart, unliterarische freie Gestaltung des Ausdrucks, Verbindung des mimischen mit sprachlichem Ausdruck, des Gesangs damit, ja des Tanzes. Die Jugend hat im Wandervogel selber angefangen, Sprachbildung im neuen Sinne zu treiben. Die Wandervögel haben sich überall selber erzogen, ein ordentlich verständlich Deutsch zu reben, die Dinge beim rechten Namen zu nennen, zu reden so wie einem jungen Kerl gerade ums Herz ist, frisch von der Leber weg. Mit schnurrigen Verirrungen (leider auch viel ins Sentimentale, viel häufiger als ins Kraftmeierische) zeigen dies Wandervogelbriefe und -zeitschriften.

6

Nun der Bereich reiner Dichtung, die reine Sprachkunst, wie steht sie als geistiger Ort einer Volksbildung da? Welches Leben will sie im Volk haben?

Unter den Gebildeten lebt Dichtung im meist einsam gelesenen Buch, darin Gedichte, Romane, Dramen und das reiche Gebiet kunstverwandter Wissenschaftsdarstellung; daneben als gesprochenes Wort in Rezitationen, setten, und auf der Bühne. Predigt noch dazu zu rechnen, wo sie noch gehört wird. Die geistige Gewalt des Wortes umgreift so den Menschen in kontemplativen Stunden. Ergreift einsame Menschen (auch vor der Bühne sind wir einsam, vgl. Jolles, Von Schiller zur Gemeinschaftsbühne). Ein ungestillt Bedürfnis, diese Einsamkeiten zu durchbrechen, bringt das unleidige viele Schwatzen über Literatur hervor, das unter Gebildeten üblich ist. Vorwiegend die kontemplative Stunde ist es, die wir durch reine Sprachkunst uns geistig gestalten, durch Genuß der Dichtung. Unsere ganze Mittätigkeit besteht dabei im Zuhören und Lesen, im innerlichen Nachgestalten des ganzen stummen Geschehens einer solchen Dichtung. Kein leichtes Werk, solchen Tuns mächtig zu sein. Man kann sich zwar selbst hineinlesen, wenn man viel Zeit darauf wendet und irgendwoher schon weiß, welcher Lohn zu erwarten steht — aber die Regel ist, daß sich nur einem Studium solcher Zaubergarten öffnet — einer Schulung im Lesen, in der Kunst der Auslegung, zumal älterer und schwer gebauter

Werke. So kommt's, daß der einfache Mann ohne Schulung nur den kleinsten Teil solcher Werke sich anzueignen weiß. Werktätige Menschen, zumal die mit den Händen schaffen, haben auch von ruhiger Sammelstunde einen ganz anderen Begriff, und darin hat es keinen Sinn, ein lyrisches Gedicht abends einsam aus einem Buch zu lesen. Wie soll solche Einsamkeit einfachen Leuten kommen, die zu vielen in einer lauten Stube sitzen — da sitzt der Träumende lieber vor der Tür auf der Bank, auch wie die französischen Bergleute abends sinnend vor ihren Häusern hocken, oder die Schiffer am Geländer lehnen oder sitzen in ihren Werkstuben, die aufgeräumt sind, und veratmen. Schon damit ist der Zaubergarten für sie zugetan, eine Anspannung sonderlicher Art und eine Schulung müßten solche Leute wagen, um darin einzugehen.

Daraus ist ersichtlich, wie die heutige Buchdichtung und schöne Literatur, einschließlich der Wissenschaftsdarstellung die Merkmale priesterschaftlicher Bildung an sich hat, wie sie schwieriges Bemühen zur Voraussetzung hat und wie sie für einsame Kontemplation geschaffen ist. Sie ist nicht Inhalt einer Laienbildung. Und damit wird der empfindlichste Unterschied aufgetan zwischen Gebildeten und Ungeschulten. Wenn jene tiefere Menschen sind, so wissen sie sich eine einsame Innenwelt von fülliger Schönheit aufzubauen, und mit ihrem Buch führen sie ein Leben strömend in metaphysischer Existenz, von dem andere auch nicht einmal eine Ahnung haben. Und doch bleibt solche Wirkung der Dichtung unter wahrhaft Gebildeten immer mittelbar, bleibt Wirkung in der Kontemplation, nicht im wirklichen Leben selbst, und darum ist die Menge der Werktätigen von ihr ausgeschlossen. Dabei lebt im Volk allüberall dichterische Kraft ohnegleichen, die sich nur meist nicht mehr offen äußert. Verschämt, wie die musikalische Neigung, führt sie ein verborgenes Leben, und wird von der Verbildung ergriffen, wenn sie zu äußerer Nachahmung des Gebildetenideals fortgeht, das sozial so hoch in Achtung steht. Die Menschen, die von städtischem Wesen und von der Literatursprache noch nicht ergriffen sind, die Ungebildeten schlechthin, dann die Bauern und die Arbeiter in Gebirgen und auf dem Land, das seine Mundart noch rein spricht, die ältere Generation der Handwerker und Kleinstädter: die sprechen noch ein Deutsch, das trifft und sitzt. Ihre Sprache ist noch ganz reich, voll Beobachtung des Mimischen und Charakteristischen, voll Dichtung. Und sie gebrauchen sie auch als Dichtung: in unzähligen Scherzreden, Schnurren, Schwänken, die sie erfinden, überliefern, ausbauen, in ernsten

Geschichten von Nachbarn, Freunden, Reisen und Dienstzeit, Streichen und Abenteuern. Damit bauen sie ein großes Phantasiegefüge, das sie ständig bereit haben und anwenden, wo es an der Zeit ist. Sei's bei der Arbeit, sei's zur müden Feierstunde, die sich ihnen mit Dichtung füllt wie den Gebildeten. Die Mütter erzählen den Kindern Geschichten und Märchen; die Alten erzählen den Jungen und tauschen untereinander; junge Burschen stehn mit halbheranwachsenden in Plaudergemeinschaft — wer darin gelebt hat, kann bezeugen, daß da Poesie in reinem Fluß strömt, und daß da Menschen und Stunden vorkommen, wo kein Wort verloren ist, wo eine Dichtung improvisiert wird, neben der Neunzehntel Buchdichtung einfach nicht mehr erträglich sind; solche Kraft hat diese lebende Kunst. Auch da gibt es Könner, durch Gedächtnis, Phantasie, Sprachsinn, Anordnungsbegabung ausgezeichnet, die da Führer werden — von ihnen lernen die anderen — das sind die Dichter im Volk, Leute, die keine Feder in die Hand nehmen, oft kein Buch gelesen haben — sie tun den Mund auf und Poesie kommt heraus.

Was da entsteht, ist wieder Gemeinschaftskunst — der dichterische Mensch im Volk bedarf des Chors, er spricht aus, was alle gern hören, was alle erleben könnten, und die Gesellschaft ist, was ihn allein zum Dichter macht. Die Gesellschaft in einer wirklichen Lebenslage — nicht zusammengekommen, weil sie sich amüsieren wollen, sondern weil sie alle müde sind und ruhen wollen, sich besinnen, sich gemeinschaftlich fühlen und nun beieinander hocken. Und dieser Winkel ihres Tages wäre ungestaltet und müßte noch mehr ermüden, wenn die Gemeinschaft ein rohes Beieinander bliebe. Aber sie gewinnt Gestalt; einer nimmt das Wort: „als ich Soldat war, da hatten wir einen Feldwebel, einen dicken Kerl" .. und nun geht's los, nun spinnt sich Schwank, Rätsel und Spaß an. Dämmerung kommt, unwirklich und nur traumbedeutend wird die Welt, da wird Vergangenheit hell, ein anderer, ein dritter nimmt das Wort und erzählt ähnliche Dinge, die ihm geschehen sind; und allmählich findet man sich bei einem Hauptthema, atemlos sitzen alle da, der am besten erzählt, hat jetzt das Feld, und der spinnt seinen Faden tief in die Nacht, wo Traum, Erzählung, Leben und Freunde mystisch ineinanderfließen.

Die Kunst ist da ins Leben, ins Werkleben eingebaut: eine Zufallsstunde ist zu einem metaphysisch bedeutsamen unvergeßlichen Werk aufgegangen — das Kunstwerk der Erzählung ist nur Teilstück des Kunstwerks, das in Wahrheit da entstanden ist — alle die Mitspieler, Zuhörer, Miterzähler, die da auf dem Werktisch und den Treppenstufen hocken, gehören mit hinzu. Es ist ein Gesamtkunstwerk für sich — würde man die Erzählung aufschreiben, niemand könnte in ihr den Goldgrund wahrnehmen, auf den sie ursprünglich gemalt war. Denn die Zuhörer, der köstliche Zufall, dem die Plauderei zu verdanken ist, das Auftreten der einzelnen Teilnehmer am Gespräch, die Pausen zwischen den Gesprächsteilen, die Lebensstimmung aller Beteiligten, das alles gehört hinzu. Der Begriff des Gesamtkunstwerks, eine der tiefsten Entdeckungen unserer Ästhetik, gewinnt erst von dieser Seite her seine volle Gestalt.

Die ganze Fülle der so gestaltbaren Stunden wirklichen Lebens und die ganze Fülle von Kunstgattungen, die sich daraus ergeben, das hat mit großer Liebe unsere Romantik aufgesucht und gezeigt. Wie vielfach quillt so chorische Dichtung im Leben, zumal wo die literarische Dichtung ins Volk eindrang und unmittelbare Kunst wurde, oder wo sie im Zusammenhang mit unmittelbarer gelebter Kunst wuchs. Es verbündet sich Sprachkunst mit Musik im Lied und Tanzspiel und mit mimischer Kunst im dramatischen Spiel. Alles was so chorisch und unmittelbar an Dichtung gelebt hat, die Romantik hat es aufgesucht und gezeigt: Märchen, Volksbuch, „des Knaben Wunderhorn" und Uhlands Volkslieder, Rätsel und Schwänke, geistliches Schauspiel, Tanzlieder, Balladen und was es nur gab. Aber es wurde nur eine Wissenschaft daraus, und alles dieses köstliche Gut wurde verwandelt in kontemplativ genossene Bücher einsamer Gebildeter; nur ganz unverwüstliche Dinge wie Grimms Märchen und einige Lieder gingen wieder ins Leben ein; das andere wurde in mittelbare Kunst assimiliert. Es war recht und nötig, daß eine Wissenschaft angebaut wurde, diese Schätze zu heben und wissenschaftlich zu bearbeiten, unentbehrlich für universalgeschichtliche Arbeit, aber warum wurde solches Bemühen nicht außerdem auch lebenspraktisch? Wohl war an Wirkung aufs Leben am Anfang gedacht worden. So Jakob Grimm: „Wir aber freuen uns eines verschollenen ausgegrabenen Wortes mehr als des fremden, weil wir es unserem Land wieder aneignen können." Er will, „daß alle Denkmäler unserer Vorzeit nicht bloß in die Gegenwart, sondern auch in die Zukunft reichen sollen". Und A. v. Arnim sagt, es scheine in seinen Wunderhornliedern „die Gesundheit künftiger Zeit uns zu begrüßen". Aber die ganze Struktur der Bildung des 19. Jahrhunderts war solchem Schritt ins Leben ganz fremd; „der vollendete Saal in unserer Vorzeit, der kommenden Geschlechtern überliefert werden wird", half nur die ganze Wirrnis eklektischer Bildung vermehren, aus seinem Homunkulusgebläse kam er nicht heraus. Erst die Jugendbewegung hat die Romantik und diesmal lebenspraktisch fortgesetzt: den Weg hat sie gefunden, um Liedern, Tänzen, Spielen im Leben selbst ihre Stelle zu weisen — im Leben der pädagogischen Gemeinschaften nämlich, aus denen die Jugendbewegung sich aufbaut.

Im Vergleich mit der Musik ist es noch zaghaft wenig, was an neugeborener Sprachkunst in der Jugendbewegung bisher praktisch wurde; die Ansätze sind mannigfach, und man könnte sich ihren Weiterwuchs leicht utopisch ausdenken. Wo Musik ihre Stelle hat — bei allen Gelegenheiten gesellig gestaltbaren Lebens durch den ganzen Kalender und den Rhythmus von Geburt, Reife und Tod hin — da ist auch Sprachkunst den Gesamtkunstwerken beigemischt. Das Lied und der Reigen sind in unmittelbarer Verbindung mit der Musik gegeben. Aber noch fehlen die Laienschauspiele im neuen Geiste, wo Musik und Mimik sich mit selbständiger Wortkunst verbinden. Mag der Weg zur Gemeinschaftsbühne begangen werden, den Jolles zeichnet, oder eine Spielart entstehen, die aus den Festen der Jugend herauswächst: entscheidend wird hier wieder sein, daß die Künstlermeister in pädagogischen Gemeinschaften auftreten und deren Geist in Wort und Gebärde zu fassen verstehen, daß sie Volk werden in diesen Bünden, dienende Brüder, und daß sie auf die Sonderstellung des Artisten verzichten, der nach individuellstem Ausdruck und Ruhm strebt. — Was nun pädagogisch von der Musikbildung galt, das gilt sinngemäß für die Sprachkunst als Ausdruck einer neuen Laiengeistigkeit. Auch hier überträgt sich Laiengut von selbst im Leben unmittelbar. Wo die Traditionen gebrochen sind, wie in den Städten, werden pädagogische Gemeinschaften das neu möglich machen. Wo Singende sich natürlich und frei gebärden, werden auch die Erzähler Raum haben. Wo höhere Kunstformen durch Meister entstehen — wie die Laienschauspiele und Andachten — da wird auch minderes Können sich hervorwagen, sich eingliedern, improvisieren, vereinfachen, und so frei mit der Dichtung schalten, wie Arnim wünschte, daß man mit den Wunderhornliedern umgehen sollte.

Vielleicht wird auch hie und da eine pädagogische Gemeinschaft solcher, die sich der Sprache bemächtigen wollen, entstehen, wenn auch jener Weg von der Musik aus viel elementarer ist. Eine solche Schar müßte ihren Meister der Sprachkunst zum Führer haben. Und in den Schulen hätte man den Weg neuer Bildung überall da beschritten, wo man aus der

Not des Sprachunterrichts die Jugend einer pädagogischen Gemeinschaft machen kann — die Zeit, wo einmal wieder Schulkomödien und Spiele daraus hervorgehen, wird eine produktive Kunsterziehung üben an Stelle einer früher nur rezeptiven. Schulung in der Auslegung der Dichter war der alte Weg; literargeschichtliche und philologische Hilfsarbeit nahm den Hauptteil der Auslegung ein. Zukünftige Sprachbildung wird frei sprachschaffende Menschen sich zum Ziel nehmen: nicht Dichter von Buchdichtung, sondern Könner volksmäßiger Sprachkunst, Erzähler, Fabuliermeister, Sänger, Darsteller im Laienspiel, und Prediger. Darauf kann dann, für die es not ist, die priesterliche Kunst der Schriftauslegung, des beschaulichen Lesens und Verstehens gebaut werden — jene laienmäßige Sprachkunstbildung müßte aber Fundament sein.

Freilich, was Laien letzlich zu Künstlern macht, ist ein geistiges Ereignis innerhalb der neuen Gemeinschaften, und nicht die Bildungsabsicht. Was alte Handwerker und Bauern zu Sprachkunstmeistern gemacht hat, das war nicht nur ihre Phantasie, mimische und Temperamentsbegabung, denn dieselbe Begabung findet sich noch überall im Volk, wenn sie auch in der städtischen Welt jetzt nur Kitsch zutage fördert. Sondern daß da einfache und durch und durch natürliche, wahre Menschen waren, die geistig in ihren Kreisen innerhalb fester Bindungen herrschten, von jener großen Demut und Frömmigkeit, in der so viel Bewußtheit, selbst Herrschaftssicherheit (nämlich in der Berufsarbeit) steckte, und die Ruhe der Seele jener alten Verhältnisse, das war entscheidend und gab den Worten dieser Menschen die Sparsamkeit, den Treff und die Lebenswahrheit.

Wenn in neuen Gemeinschaften, wie die Jugendbewegung sie gewollt hat, die typischen Gesinnungen des ersten Industriezeitalters überwunden werden, so soll auf ganz veränderter Stufe eine ähnliche Einfachheit, Natürlichkeit wieder erstehen, ein Bezug unseres Lebens, der ähnliche Demut und Bindung uns zum Element macht, in dem uns einzig wieder wohl ist. Solche Entgiftung, die schon in vielen neuen Menschen wieder da ist, muß die künftige Pädagogik voraussetzen, oder sie wird an der Wiedergeburt keinen Teil haben.

7

Der Begriff der angewandten Kunst und der Laienbildung ist nun noch auf das Gebiet der Raumgestaltung und der Bildkunst zu erweitern. Im Typus zeigt dieses Gebiet die gleichen Erscheinungen wie Musik und Dichtung. Die Bildung, die da heute erstrebt und geachtet wird, ist durchaus eine Bildung des nachfühlenden Verstehens — die Gebildeten und Kenner, die in ihren Museen, Büchern, Mappenschränken Bruchstücke von Bildwerken aller Jahrhunderte und aller Kulturkreise, sei es in Nachbildung oder Original, bei sich haben, um sich daran in der stillen Art des Humanisten zu erfreuen oder auch über sie nachzudenken: das sind die heutigen Kunstgebildeten. Die Bildwerke werden so in gänzlicher Loslösung von aller Verwendung im wirklichen Menschenleben betrachtet. In Wahrheit sind sie Ruinen; ihr vollständiges und angewandtes Leben wird nur in der Phantasie ergänzt, meist auch ganz vergessen — man glaubt wohl gar, diese Werke seien für den sammelnden kunstverständigen Kenner der späten Nachwelt eines vielleicht ganz fremden Volkes geschaffen worden. —

Daß nun heute die Laienbildung auf diesem Gebiete fast ganz tot ist, genau wie in Musik und Dichtung, ist eigentlich nur ein anderer Ausdruck für die Tatsache, daß wir keinen Stil haben. Auch hier die Erscheinung eines Bruchs der Traditionen, deren Erlöschen auf 1830—1850 anzusetzen ist, und die weitere Erscheinung, daß seit etwa 15 Jahren sich die Ansätze eines neuen Stils in Deutschland zu zeigen beginnen — zu gleicher Zeit mit dem Aufkommen der Jugendbewegung: wir sehen da eine Wiedergeburt von ferne, die offenbar aus Gesinnungsveränderungen hervorgegangen ist, deren Umfang und Sinn erst bei voller Entfaltung sichtbar wird. Nicht diese Tatsachen sind im Gang dieser Abhandlung zu erweisen, nur ihr Zusammenhang mit der Laienbildung muß aufgesucht werden. Man hat es zuerst an den Griechen gesehen und bewundert, daß eine Bildgesinnung ein ganzes Volk ergreifen kann. Der märchenhafte Klang des Wortes antik ist daraus entstanden: beinah jedes Stück, das aus dem griechischen Altertum erhalten ist, erfreute sich höchster künstlerischer Wertschätzung. Nicht nur den eigentlichen Kunstwerken, Statuen, Mosaiken, Malereien, Gebäuden schrieb man diesen höchsten Wert zu, auch allen Gegenständen des täglichen Hausrats, Töpfen,

Kämmen, Spiegeln, Nadeln, Webereien, Schiffen, Waffen; alles, was überhaupt nur von Menschenhand gestaltet wurde, hat den Zauber des Antikischen für uns gehabt. Hatte dieses Volk so viel geniale Naturen, daß die Stelle eines jeden Handwerkers, Töpfers, Waffenschmieds, Schiffbauers, Webers, Korbflechters mit Genies besetzt werden konnte? Es müßte ein Volk von Göttern gewesen sein. Man hat hier zuerst den Zauber einer laienmäßigen Meistertradition erlebt: den Zauber der Tatsache eines Stils, den Zauber einer seelischen Beziehung aller Teile des Volkes, der allein erklärt, daß jeder, der ein Werkzeug ergriff, etwas geschaffen hat, das ein Minimum von Kunstwert erreichte. Man sah, daß ein „objektiver Geist" in allen den großen und kleinen Künstler-Handwerkern tätig war, ein „Volksgeist", der nicht nur die besonders geschulten auserwählten Geister, sondern jeden regeren Volksgenossen ergriff. Man hat dann der italienischen Renaissance eine ähnliche Hochschätzung zuteil werden lassen, und dann sind uns ganz allmählich die Augen aufgegangen: Chinesen und Japaner und schließlich auch das Nächstliegende, unsere eigene Vorzeit, vor allem das christliche Mittelalter mit seinen heimlichen Ausläufern: sie zeigten dieselbe ergreifende Schönheit eines jeden Gebildes von Menschenhand. Die Kunstgeschichte ist in dieser Arbeit noch mitten drin; und die Arbeit ist unsäglich, mit der immer neue Provinzen alter Laienkunst dem Verständnis erschlossen werden. Das Entscheidende daran scheinen immer wieder unsere bildenden Künstler selbst zu tun. Sie werfen sich mit ihrer Liebe auf eine solche Provinz, sehen in sie hinein, was sie schöpferisch bewegt, holen aus ihr neue Bildmittel und leisten so eine Vorarbeit für die Kunstwissenschaft, die plötzlich auch mit den Augen des Künstlers sehen lernt. Was dann dem Verständnis erschlossen und der Kunstwissenschaft einverleibt ist, pflegt nicht so schnell wieder verloren zu gehen, wie die Geschmacksrichtungen der schaffenden Künstler, die im allgemeinen eine Generation nicht überdauern. So enthüllt sich uns allmählich die große Bilderwelt alter Völker, zumal unserer eigenen Vorväter. Wir wissen nun auf einmal um die Gesamtheit dieser Bilderwelt, und nur mit Rührung können wir ihre Bruchstücke sehen, die noch hie und da in die Gegenwart hineinragen, nur mit Rührung die Museen, Volkskunstsammlungen, Ortsmuseen, Kunstgewerbesammlungen, Galerien besuchen, diese Schädelstätten eines reichen Lebens. Wir sehen die Trümmer einer Bildungsgemeinschaft vor uns, in der alle Handwerker und industriellen Werkmeister als Könner eines Geistigen auftreten, das sie offenbar rein laienmäßig aufnehmen. Es sind noch hie und da Werkstätten erhalten, in denen mittelalterliche Meistertradition, wenn auch kaum mehr erkennbar, lebt. Die Schulung, die der Meister dem Gesellen gibt, bezieht sich da vor allem auf die Beherrschung der Technik. Die Kunstformen und die Kunstgesinnung übertragen sich nebenher absichtslos, sie brauchen nicht gelehrt zu werden. Die Vorlagen, die große Künstler und Meister gemacht haben, werden variiert und immer wieder benutzt, sie werden aber nicht mit historischem Gewissen, also mechanisch nachgeahmt, sondern es ist freies Schalten damit erlaubt. Es besteht kein Ehrgeiz der Originalität (der aus dem Ringen um Mäcenen- oder Hofgunst aufkommt), sondern genau so unabsichtlich und keusch wie ein Lied vom Volk zersungen oder zurechtgesungen wird, ändern und erhalten sich auch die Vorlagen einer Meisterwerkstatt im mittelalterlichen Sinne. Unsere heutigen Kunstschulen, die die handwerklich-technische Tradition ganz vernachlässigen (Meister der alten Schule würden die Hände über dem Kopf zusammenschlagen), die Hauptmühe auf die Ausbildung der künstlerischen Erfindungsgabe verwenden, gehen genau den umgekehrten Weg, und auch die junge Generation, die ihre Einstellung ganz wandeln will (Weimarer Bauhaus), kommt noch gar nicht recht von der alten Bahn los: wenige haben den Mut, wirklich nur namenlose Werkleute in einer Gesinnungsgemeinschaft sein zu wollen: man will doch in der großen Spur der höfischen Künstlergesinnung weiter wandern. Man will nicht Volk sein. Dann wird eben die große Kunst unserer Zukunft außerhalb dieser Berufskünstler laienmäßig entstehen durch die wahren Künstler, die unter dem Volk sind, und durch die wenigen, die Volk geworden sind.

Bildkünstlerische Anlage ist in der Menge so viel vorhanden, wie überhaupt musische Begabung da ist: und das ist ein ganz hoher Prozentsatz. Genau wie beinahe jeder Zweite ein leiblicher Sänger ist, so ist er auch ein leiblicher Former und Bildkünstler. Was ist im Feld draußen, wo Vorbilder aus der städtischen Konvention ganz fehlten, nicht alles geformt und gebastelt worden! Wie das Singen und das phantasiemäßige Erzählen (die Sprachkunst) sich im Unterstand freier laienmäßig entfalten konnten, so auch die Formbegabung der Menge. In den Basteleien der Unterstands- und Lagerbauten hat viel ganz saubere Arbeit, Erfindung und Ausdruckskraft gesteckt. Die freilich ganz unklassische Buntheit und das Wirrsal der Formgebung war ohne jeden Bezug zu höfisch-städtischer Kunst, war bauernhaft, ja urzeitlich. Man hat deshalb vom Standpunkt heutiger Bildung aus diese Werkchen gar nicht beachtet. Sie waren der alten Weihnachtskrippenkunst verwandt, und eine Bastellust und Geduld zeigten sie oft, die wir im Abendland nicht mehr anzutreffen meinten, seit die Kunst der feinen Intarsien und der Spitzenklöppelei fast aufgehört hat. Freilich ist ihr Ausdruck kraus und ungestalt, wie alles unser Laientum heute ist, aber die Lust ist da. Hie und da in seltsamen Vorstadtschrebergärten läßt sich diese Bastelfreude auch in den Städten erkennen. Wenn unser Volk wie andere nicht hochbegabt wäre zu bildnerischer Kunst, wie hätten früher diese herrlichen Traditionen bestehen können! Ein altes Bauernhaus aus dem Schwarzwald oder aus Friesland oder wo sonst her war doch ein Kunstwerk von der Gesamtanlage an bis zum kleinsten Gerät: wie es in der Landschaft stand, wie seine Dachform und sein Grundriß ausdrucksvoll und einfach-klar war, wie die Möbel, die Webarbeiten, Öfen, Geschirr, Leuchter, Deckenmalerei, Täfelung, Schnitzwerk im Gebälk gestaltet sind: beinah jedes Winkelchen sagt uns mehr als der weitaus größte Teil unserer offiziellen Salonkunst. Meist ist eine bäurische Stärke, Naturfrische, Phantasie in diesen tausend Formen und Farben, ähnlich der der volkstümlich herzhaften Sprache — und alles ist von kleinen namenlosen Meistern geschaffen, die nichts zu sein meinten als Handwerker, Fachleute ihrer Technik; der künstlerische Ausdruck fiel ihnen ungesucht zu und überlieferte sich nicht anders wie die Sprache oder wie der sittliche Charakter irgendwelcher Lebensverhältnisse. Nicht als ob diese Meister „unbewußt" das Schöne geschaffen hätten. Ein solcher Mann weiß recht gut was wirkt und hat sich's wohl überlegt, genau wie der volkstümliche Erzähler sehr gut die Wirkung seiner Worte und seiner Erzählungsart kennt und sie auch, durch seine Erfolge belehrt, immer noch steigert. Insofern steckt auch in volksmäßiger Tradition viel künstlerisches Nachdenken, Arbeit. Aber eine Bewußtheit des schöpferischen Tuns, nicht des Verstehens, entsteht hier. Und doch betrachten die so künstlerisch Arbeitenden ihr Werk nicht als eine unerhörte persönliche Leistung eines Genies, sondern nur als ihren kleinen Anteil an der allgemeinen bildnerischen Ausgestaltung der Welt; nur als ihre pflichtgemäße, ordentlich handwerksgemäß ausgeführte Leistung zu einem Ganzen. So kommt durch diese Laienbildungsgesinnung erst das Höchste zustande, was die Bildkunst schaffen kann: nämlich das Gesamtbildwerk als ein Stück angewandter Kunst. Denn wie das alte Bauernhaus alle Gebrauchsgegenstände des täglichen Lebens durch phantasiebedingte Formung verklärt hat, so ist die ganze bewohnte Landschaft gleichsam ein einziges Haus. Wie die alten deutschen Dörfer und Städte in der Landschaft liegen, wie Flußspiegelung, Berganstieg, Pappelsaum und Hügelwölbung alle mit einbezogen sind in die Bauten, so ist überhaupt da, wo Bildkunst in einem Volke angewandt wird und lebt, so ist da überhaupt nichts Geformtes und Gefärbtes tot; alles wird als Ausdruckswert empfunden und mit einbezogen in das, was der kleine Einzelmensch an irgendeiner Einzelstelle gestalten muß. Eine alte Stadt mit ihrem Münster in der Mitte, ihrem Mauerring und dem Getürm ringsum, mit den Vorgärten, Weinberghäuschen, Brücken, Straßenführungen ist gleichsam ein Haus, dessen Räume sich wohlüberlegt zusammenfügen und die in dem heiligsten Raume der Andachtversammlung, im Münster, ihren Schlußstein, ihre Nabe haben. Noch im Jahre 1830 muß ganz Deutschland bildnerisch wie ein Juwel gewesen sein, in dem auch nicht die kleinste Bruchstelle zu finden war, und so ganz Europa. Selbst die einsame Landschaft draußen ist durch Bildkunst vergeistigt gewesen: da haben an fernen Kreuzwegen die Kruzifixe und Kapellen, die Kirchenheiligen und Madonnen gestanden und den damals allein bedeutsamen Weltzusammenhang dem einsamen Wanderer immer nahegehalten. Eine Vergeistigung der sicht- und tastbaren Welt ist verwirklicht gewesen, die wir heute nur noch als Kinder erleben und in unserem Heimatgefühl uns erhalten. In der Heimat ist uns auch jede Wegecke lieb und irgendwie geistig bedeutsam. Fehlt da ein Baum, ist irgendeine Mauer abgerissen, so verdrießt es uns: weil alle diese Formen eine besondere Bedeutung angenommen haben, indem sich unser Leben in ihnen abspielte." Es zeigt sich darin, was das Gesamtbildwerk einem laiengebildeten Volke bedeuten muß: es macht ihm die ganze Welt heimatlich durch Formung mit den vertrauten Ausdrucksformen, die man erlebt hat und die man immer wieder, sie leise wandelnd, anwendet. Es zeigt sich darin zugleich, daß dieses Gesamtbildwerk angewandte Kunst ist. Denn selbstverständlich will diese Formkunst nicht abgebildet oder an den Wänden von Museen und Sammlungen betrachtet werden, sondern ihre Schönheit will erschritten, ertastet, im Leben selbst unwillkürlich erschaut werden. Seltsame Verbildung, die uns zwingt, solche Dinge auszusprechen; sie nicht sehen, heißt den Wald vor lauter Bäumen nicht sehen. Und doch tut der Hinweis not. Gilt doch das Kunstgewerbe heute als eine Kunst minderen Grades. Ein eigentlicher Künstler schafft nur abstrakte Kunstwerke, Bilder, die man transportieren kann und an eine beliebige Wand hängen, und Statuen losgelöst von allem Bezug. Sobald wir anfangen, Kunst wieder laienmäßig als angewandte Kunst zu schaffen, werden diese abstrakten Gattungen wieder weichen müssen: sie werden wieder Teile der Architektur werden. Die gewaltigen Bildmittel dieser jetzt isolierten Künste werden als angewandte Künste wieder ihre Hauptwirkung haben, wo sie früher schon lag: in der Durchformung der Andachtsräume. Oder wenn nicht die Form dessen, was wir sonst Andacht nennen, so wird eine neue Form da sein, wo die geistige Konzentration einer Gemeinde sich verwirklicht. An dieser Stelle treten die hohen Künste, deren Sinn gesammelte Beschauung und anfeuernde Wirkung unseres Gesamtdaseins ist, natürlich auf, eingegliedert in eine wirkliche Lebenslage. Wie die hohe Musik, so werden sich die reine „höhere" Malerei und Plastik in die Raumkunst einordnen. Und die Architektur dieser Räume wieder muß sich einfügen in das Gesamtbildwerk, so wie die geistige Konzentration einer Gemeinde sich wieder in den Fluß des wirklichen Lebens der Einzelnen einbauen wird.

Die Pädagogik wird auf bildnerischem Gebiet abermals die Neugeburt in der Gesinnung voraussetzen und somit eine künftige Laienbildung auch bildnerisch vor Augen haben. In doppeltem Sinne müßten die Künstler wieder Volk werden. Zunächst indem sie Meister des Technischen werden und die Muster und Vorlagen schaffen, die dann in neuen Traditionen nachgeahmt werden, wenn erst einmal die Laienkünstler gar nichts anderes mehr sehen als gute Arbeit. Überall wo Formen gegossen, geschnitzt, geprägt, geschnitten werden, müßten Künstler so weit Fachleute sein, daß sie den Stil bestimmten. Also müßte die Isolierung aufgehoben werden, die zwischen Künstlern und Industrie, Technik und Handwerk besteht. Die Tatsache Industrie übrigens ist keineswegs kunstfeindlich. Das hat ja die neuentstehende Tradition im Werkbund schon bewiesen. Diese Änderung der Wechselbeziehung von Kunst und Technik ist nicht das Schwere und auch noch nicht die Rettung. In dem weiteren Sinne müssen die Künstler wieder Volk werden, daß sie nicht an individuellen Einzelbildwerken arbeiten, sondern daß sie Stücke des Gesamtbildwerks wieder zu schaffen suchen und den Mut zu namenlosem Schaffen gewinnen. Das würde voraussetzen: anstelle der faustischen Genienatur, die jetzt auch das kleinste Talent nachahmt und immer am ehesten darzutun weiß, anstelle dieses Genietums die Gesinnung der Eingebundenheit in einen übergeordneten Weltklang in sich zu haben: einer Eingebundenheit samt allem Volk und aller Bruderschaft — in dieser Bindung müssen die Künstler den letzten kultischen und chorischen Gesamtsinn ihrer Kunstübung wieder erfahren. Und zwar müssen sie diese Erfahrung nicht nur einsehen und sich in solche Zukunft hineinfühlen, sondern sie lebenspraktisch darstellen in ihrem Leben. Eine solche Gesinnung fromm-schaffenden Sicheinfügens kann zunächst nur in Bruderschaften entstehen, die unseren pädagogischen Gemeinschaften gleichen: in ihnen tauchen eben auch die formenden Werkleute auf. In ihnen zunächst muß neue Gesinnung und Tradition erscheinen, das wird entscheiden.

Es ist damit abgesteckt, was Kunstschulen, Fachschulen, öffentliche Schulen und das freie Volksbildungswesen tun und nicht tun können. Das Innerste ist, daß in jenen pädagogischen Gemeinschaften die Künstler führend und sich einfügend auftreten, daß Laienbildung sich zunächst in diesen Bruderschaften verwirklicht, und dann alle Welt durchsetzt.

8

Es sei nun in einigen Sätzen zusammengefaßt, was sich aus solchen Gedankengängen ergeben hat. Als erster Satz gelte, daß Volksbildung da besteht, wo eine zusammenlebende Menschengruppe, ein Volk, seinem werktätigen Leben ein geistiges Leben mit metaphysischem, bedeutsamem Gehalt einverleibt hat, ohne daß eine Kluft zwischen beiden besteht. Der Ort, wo solcher Einbau geschieht, ist in der Kunst gegeben. Zweitens: die Aufgabe der Vergeistigung werktätigen Lebens als Laiengeistigkeit, leistet die Kunst in ihrer Urform als angewandte Kunst. Sie gestaltet dann Situationen wirklichen Lebens, sie vergeistigt irgendwelche Augenblicke zufälliger oder notwendiger Gesellung, besonders die Stunden notwendigsten Ausruhens und der Besinnung oder der Begier nach Abwechslung, die der arbeitende Mensch im Wechselgang mit seiner Arbeit braucht. Als Drittes gelte: die angewandte und unmittelbare Kunst ist zunächst chorisch, wie denn auch unser Leben zunächst gesellig ist, und die Einsamkeit in der Muße für den regsamen Menschen des Werklebens das Seltenere und nicht Selbstverständliche bleibt. Angewandte und chorische Kunst hat die Eigenart, daß alle genießend Beteiligten zugleich Mittätige sind: eine strenge Kluft zwischen schaffendem Künstler, Darsteller und Genießendem gibt es nicht, der Unterschied ist nur gradweis zu erkennen. In der Ausübung solcher Kunst überträgt sich das Können der Führer und der Schöpferischen von selbst, die Sonderausbildung der zu Führern Begabten vollzieht sich zuerst im Verwirklichen der Gesamtkunstwerke; es entstehen viele Meister, Lehrlinge, Mithelfer der Gesamtkunstwerke, die sich in der Anregung des Hilfskönnens höherer Art unterstützen; der Begriff Dilettant besteht nicht mehr zu recht. Daraus folgt als vierter Satz: zur Übertragung wie zum Verständnis angewandter Kunst ist kein Studium nötig, und der größte Teil des unverbildeten Volkes ist künstlerisch empfänglich wie produktiv, wo solche Kunst lebt. Fünftens: durch eine eigentümliche Geschichtslage ist gegenwärtig eine Verbildung in unserem Volke vorhanden, die allen Traditionen angewandter Kunst und damit jeder tieferen Laiengeistigkeit ein Ende gemacht hat. Damit sich solche Laiengeistigkeit in einem neuen Sinne wieder ereignen kann, ist eine geistige Erneuerung not, die vor allem die heutigen priesterlichen Traditionen ergreifen muß: geistige Menschen, Künstler, Denker, Weise aus jeglichem Beruf und auf jeglicher Stufe, die der Wiedergeburt sich verfallen fühlen, können eine Gesinnung, die neue Laiengeistigkeit zeugt, nur in einer Lebenspraxis ganz besonderer Art erringen. Solche Praxis, aus innersten Bedürfnissen der Geistigen wachsend, ist die pädagogische Gemeinschaft. Sechstens: die pädagogischen Gemeinschaften erzeugen von selbst und ganz unmittelbar aus dem Leben neue Ansätze chorischer angewandter Kunst; sie stellen die natürliche Lebenslage dauernd neu her, in der solche Kunst gedeiht. Der geistige Gehalt dieser Kunst wird in den Gemeinschaften selbst erst langsam errungen. Daß eine neue Gesinnung brüderlichen Erdendaseins und großer Gebundenheit des Menschen ihr Hauptkennzeichen sein muß, läßt sich aus ihrer Entstehung prophezeien. Die Jugend, als die autonome Bildungsbewegung der genialischen Altersstufe, hat die Schöpfung solcher Gemeinschaften überall begonnen und wird sie von immer neuen Seiten her erzeugen. Und siebentens ergab sich der Satz: daß jede pädagogische Arbeit heute als Zielbild solchen Sachverhalt voraussetzen muß, wenn sie nicht ins Leere hineinbauen will. Das Bildungswesen hat, wie Paulsen sagt, keine Eigenbewegung, es ist von den kulturellen Bewegungen abhängig. Kommen viele Schöpfungen pädagogischer Gemeinschaften zustande, so ist darin die entscheidende kulturelle Bewegung vorhanden; aber diesmal, ein ganz seltener Fall in der Geschichte, vollzieht sie sich im engsten Zusammenhang mit dem Bildungswesen, das sie zerstören oder umordnen wird.

9

So steht hier das utopische Bild einer Laiengeistigkeit, die schon dabei ist, sich rund um uns zu ereignen.

Nun muß ganz grell daneben gesehen werden können, wie wir einen Bildungsbegriff im Kopf haben, der priesterlicher Art ist, dessen Geistigkeit dem Volke unzugänglich, dessen Tiefe ihm verschlossen — der aber mit einer gewaltigen sozialen Achtung auftritt und alles brach legt, was im Volk noch an heimlicher Laiengeistigkeit lebt — an Sprachgut, Lied, Dichtung, Bildkunst — brachlegt vor allem den unvermeidlich uns bindenden Zauber der Gesamtkunstwerke im Leben. Denn die Wechselwirkung ist unvermeidlich: unter wirtschaftlich-gesellschaftlichen Zuständen, wie sie im Abendland heute und morgen sind, können die beiden Bildungskreise nicht unberührt beieinander wohnen; die Ideale stören sich und suchen einander zu verdrängen in einer Sphäre, die so viel Bewußtheit und Verkehr kennt wie unsere Industrieländer.

Es ist nun nötig, die laienfeindliche Geistigkeit, an der heute Bildung wie alle Afterbildung hängen, von ihrer stärksten Seite aus zu sehen. Die tiefste Ausprägung dieser Geistigkeit ist das Ideal des humanistischen Menschen in dem erneuerten Sinne, den vor allem W. v. Humboldt ihr gegeben hat. Humboldts persönlichste Eigenart ist in diesem Ideal noch heute zu erkennen. Die Grundgedanken dieses Bildungsideals sind oft entwickelt worden und brauchen hier nur angedeutet zu werden.

Das Grundproblem Humboldts ist die Bildung des Einzelmenschen zur allgemeinmenschlichen Totalität; womit ein Zentrum alles pädagogischen Denkens ergriffen ist. In engsten Schranken sind wir uns gegeben: als Mann oder Weib, jung oder alt, dies Temperament, dieser Volksschlag, Bürger dieser Zeit und keiner anderen, Kind dieser bestimmten Generation. Alle diese Bestimmtheiten engen uns von Natur ein. Ein jedes Menschenkind spürt in der Zeit, wo seine besseren Kräfte sich regen, wo ihm Bestimmungen, Aufgaben, Sehnsucht aufdämmern, daß es gefangen sitzt und sich ausdehnen müßte. Und sei's ganz hausbacken, daß der junge Bursch was lernen, die Welt sehen und wandern möchte: jeder Mensch, der sich entfaltet, fühlt Fausts Schmerzen — je nach seinem Kaliber. Als höchstes Ziel gilt es, die Schranken der Individualität zu erweitern und — klein-kleiner Mensch, ein Mitträger des Universums irgendwie zu werden — wie Gott, „total" zu werden.

Wie soll das am tiefsten gelingen? Indem der individuelle Mensch sich irgendwie mit seinem Gegenpol durchbringt, mit fremder Art, die hochwertiger Form ist, einen Bund eingeht — so wie der große für unsere Bildungsgeschichte bedeutsamste Bund Goethes mit Schiller das zeigte, daß ein Typus von dem anderen assimiliert, was er nur Werthaftes aufnehmen kann — daß Eigenart dabei sich aber nicht verliert, eher noch stärkt durch die Ausweitung und Bewährung am Entgegengesetzten. Urlebensweisheit, daß der Mensch, der fremdartiges Gut überschaut, versteht und einbezieht, daß er besser und selbst frömmer ist als der nur lebenskräftige Mensch, der mit der ersten primitiven Reaktion auf das Fremde bald fertig ist: er zieht sein Schneckenhaus ewig mit sich und hält es für die Welt. Denn das offenbarste Kennzeichen des Spießertums, der mißgebildeten Seele ist Enge. Nun wäre solches Ideal von Totalität ganz unwirklich, wenn es nötig wäre, um solcher Ausweitung willen vieles, ja alles zu sein. Mag hie und da ein nachdenklicher Mensch, ein Poet, sich zur Beherrschung weltlichen Lebens durcharbeiten, mag er ein guter Soldat, Staatsmann oder Kaufmann werden, das Wesentliche fremder Sphäre in sich aufgenommen und beherrschen gelernt haben — wie ist es mit den harten, willensstarken, einbeutigen Naturen? Sie können nicht vieles zugleich sein, ohne in ihrer Stärke einzubüßen.

Da gibt es nun eine Welt, die nicht wirklich, die illusionär ist, die aber wie reale Welt uns innerlich zu ergreifen, auszudehnen vermag, die uns selbst erlaubt, Entgegengesetztes zugleich zu sein. Es ist das die Welt des Ästhetischen. Es ist eine Ureigentümlichkeit der Kunst, daß wir in ihr mannigfach da sind und uns entgegengesetzt fühlen und doch alles, wie ein Universum, zugleich sind. Jedes polyphone Musikstück läßt viele Seelen zugleich erklingen, und umso reicher und tiefer, je verschiedenartiger, individueller diese Stimmen sind. Selbst eine Solosonate von Bach für ein Streichinstrument ist so komponiert, als sängen da abwechselnd verschiedene Menschen: der eine tief und voll, der andere jubelnd und frei, sich nachahmend und doch verschieden fühlend. Quartette, Chöre, Opern zeigen das dann in Vollendung. Im Drama ist es stets als die wesentlichste Wirkung bemerkt worden, die verschiedenen Gegenpole (Mann, Frau, Jugend, Alter, Charakterspieler und Held) tönen wie ein vielstimmiger Gesang, und indem wir zuschauen oder mitspielen, tönen wir mit, unsere Schranke weitet sich: wir werden Welt. Von Lessing bis Otto Ludwig ist das vielfältig beschrieben worden. Das metaphysische Gefühl, das die Kunst uns gibt, ist geradezu dieses Totalgefühl, dies Vielerlei-zugleich-sein-können wie ein höheres Wesen, dieses Überirdisch- und Frei-werden. Und warum alle Kunst im Ursprung und im unmittelbaren Leben chorisch ist, das kann in diesem Zusammenhang noch tiefer gesehen werden. Indem wir gefühlte Gemeinschaft sind und so uns ausdrücken, kann allein der vielfache Ausdruck sich ereignen, der uns so erwettert.

Es ist das eine immer wieder vollzogene Einsicht der klassischen Zeit, daß Kunst uns total macht; zwar nicht in der Wirklichkeit, sondern nur zum Schein, in der Einbildung. Wir können nicht Gott sein, aber wie Gott können wir, in notwendiger gesetzmäßiger Illusion, sein.

So bilden die Kunstwerke für die Menschheit gleichsam einen Vorrat von universalem, menschlichem Geist, und in einer ganz unerhörten Polyphonie muß uns das menschlich Wertvolle dann entgegentreten, wenn wir diese universalen Werke abermals als Individuen höherer Art ansehen, mit denen zu abermals höheren Einheiten zu verschmelzen wir streben können. Und alles was außer Kunstwerken Ausdruck eines Menschlichen ist, muß für uns dieselbe Kraft haben, uns universal zu machen, wenn wir nur die Kunst verstehen, solchen Ausdruck aus totem Stoff herauszulesen. Jede menschliche Sprache, auch die längst vergangener Völker, jeder geformte Stein, jedes geritzte Blatt, jedes geschichtliche Dokument kann uns Menschen fremder Art und hohen Eigenwertes zeigen — Rechts- und Staatsformen, Sitten, Denkarten, alles verrät das Innere. Am meisten muß uns helfen können, wenn wir Menschentum antreffen, das selbst universalen Geistes voll ist: das sind für Humboldt und seine Zeit die Griechen gewesen. Und nun ergibt sich die Fülle der Wege, wie der Mensch aus der Mißbildung und Enge sich retten und sich wie zu einem Gottesleben bilden kann. Es gilt die mannigfach entwickelte hochformige Menschenwelt der ganzen Geschichte, in allen Regionen und Zeiten zu erfühlen, besonders die Stellen, wo sie sich am dichtesten offenbart: in der hohen Kunst aller Zeiten und Völker, in den Sprachen, denn sie sind der unbewußte Ausdruck alles Geistigen, besonders aber in griechischer Sprache, Kunst und Lebensart. So kann man zur Fülle des wertvoll Menschlichen gelangen, ohne in der Haut des anderen gesteckt zu haben — es gehört nur ein ausgebreitetes Bemühen dazu, das Fremde richtig zu erfühlen, sich in Besitz der Hilfswerkzeuge zu setzen, mit denen es erschlossen wird (in Besitz der philologischen Kunst); es wird ein Studium dazu vorausgesetzt. Nur wer es unternimmt, der ist daran, ein vollgebildeter Mensch zu werden.

Diese Gedankenreihe in Humboldts Sinne drückt ein Bildungsideal aus, das an letzten Lebensentscheidungen geprüft und voll tiefsten Sinnes ist. Freilich pflegen wir mehr den veräußerlichten Auffassungen davon zu begegnen als großen Beispielen danach lebender Menschen. Aber Gymnasium und Universität, auch die übrigen höheren Schulen gerade im besten was sie geben, lassen die Gedankenreihe noch in ihrem Aufbau erkennen und vor allem sind alle umgängigen Urteile über das, was man gebildet und ungebildet heißt, und die meisten Anstalten unseres Volksbildungswesens auf denselben Grundgedanken zurückzuführen. Aber der laienfeindliche Bau dieses Gedankens verbirgt sich nicht. Diese Totalität ist nur einem methodischen Bemühen zugänglich, einem Studium, oder Lebensverhältnissen, die ein Studium ersetzen können. Man muß Bücher haben, reisen oder viel Umgang pflegen, oder viel Muße haben zum Denken, Lesen, Hören: aristokratische Lebensverhältnisse sind solchem Ideal zweifellos am günstigsten. Wer sich ihm hingibt, wird den natürlichen Verhältnissen des Lebens (im Sinne Tolstois) entfremdete Lebensumstände haben müssen. Hier ist ein geistiges Leben, das dem Werktagsschaffen nicht eingebaut werden kann, wenigstens nicht im gewöhnlichen Fall. Ausnahmen gibts in Menge, das Kleinbürgertum und die Proletarier haben viele Vertreter zu der Bildungsschicht gestellt, die jenes Ideal vertritt, ja sie haben ein ganz Teil von jenem Ideal in ihr Leben einbeziehen können. Unsere Dichter werden doch immerhin im werktätigen Volk gelesen, das gute Theater wird besucht, auch die gute Musik angehört, auch Museen betrachtet, und manchem jungen Burschen nährt das von früh auf die großstädtisch beengte Seele. Willenskräftige Menschen haben sich das Ideal ganz zu eigen gemacht und sich, wenn auch arg mühsam, doch zum Genuß und zur Selbstbildung durchgearbeitet.

Diese soziale Schranke des Humboldtschen und überhaupt des humanistischen Bildungsideals zeigt sich nun auch in seinem innersten Aufbau, als ein Widerspruch, der es seiner allgemeinen Gültigkeit beraubt. Einmal bevorzugt es die kontemplative Menschenart vor der tätig-praktischen, und zweitens neigt es, versteckt zwar, zu einer einseitigen Vorherrschaft des wissenschaftlichen Tuns im geistigen Leben. Und beide Züge müssen es einer Laiengeistigkeit vollends fremd machen. Denn geistiges Leben im werktätigen Volke kann nicht Bevorzugung der Kontemplativen vertragen und kann nicht (auf den Trümmern aller angewandten Kunst) Gelehrtenbildung sein. Somit fehlt dem neuhumanistischen Ideal gerade die wahre lebendige Totalität, die eine Laiengeistigkeit immer haben wird. Es ergreift wohl den Menschen, der sich geistig in die Einsamkeit loslösen kann; aber alle Regungen des tätigen Lebens unter Arbeitsgenossen und der gemeinsamen Ruhe unter Kameraden läßt es ohne Formung. Es bevorzugt die kontemplativen Menschen: denn die Erweiterung zur Totalität geschieht einzig im Erfühlen des menschlich Andersartigen aus den objektiven Niederschlägen dieses Menschlichen heraus. Und das humanistische Ideal bevorzugt weiter die wissenschaftliche Art des geistigen Lebens. Setzt es doch immer zuerst ein Studium an: Eindringen in fremde Sprachen macht ein Erkennen und Merken nötig, ein Bedenken und Zusammensehen, ein kritisches Verweilen, psychologische, anthropologische Schulung, genaues Arbeiten; vor das eigentliche Leben als Totalität wird ein geistiges Leben in einseitig wissenschaftlicher Verfassung vorangebaut, und nur durch diesen Vorhof wird das innerste Heiligtum zugänglich. Die wesentlich wissenschaftlich gerichtete Menschenart wird damit normgebend und bevorzugt, ihr ist es im Vorhof am wohlsten; den andersartigen, deshalb aber nicht ungeistigen Naturen ist die Durcharbeit durch den Vorhof eine Qual: ihr Ziel ist das Heiligtum; sie überstehen aber die Bußübungen des Vorhofs nicht. Wenig Auserwählte erledigen ihn mühelos und gelangen ins Heilige: es sind von den Geistigen die wissenschaftlich durchdringbaren Naturen. Sie sind die seltene Verbindung der kontemplativen und der wissenschaftlich gerichteten Typen, der zum Gebildeten in diesem Sinne eigentlich fähige Menschenschlag. Die einfühlend-verstehende und die kritisch-denkerische Haltung kreuzen sich da. Und innerhalb dieser Beschränkung erreichen sie eine edle menschliche Vollkommenheit, die in einer Form das Höchste darstellt, was ein Mensch erreichen kann. Eine Totalität und doch zugleich eine Einseitigkeit, die sich dem Laien nie verborgen hat. Der gelehrte Gebildete hat immer seine Lebensfremdheit empfunden, hat der menschlich letzten Überlegenheit vieler volkswüchsiger Menschen aus Bauern- und Arbeiterstand gewahr werden müssen. Denn sein Reichtum kann den menschlichen Urerlebnissen, dem natürlichen Dasein ganz ferne sein. Das natürliche Dasein ist eine rhythmische Abfolge von Arbeit für Unterhalt, Arbeit in der gesellschaftlichen Produktion, und Muße; Geselligkeit und Einsamkeit; Handeln und Sinnen; und eine Abfolge, die sich im Zusammenhang des Naturlebens, der gemeinsamen Produktion und Gesellung bewegt: in diesem Dasein müßte das Geistige erscheinen und sich gleichsam von selbst darin bilden, wenn wirkliche Totalität das menschliche Leben erfüllen soll.

Und somit wird gerade vom Humboldtschen Problem der totalen Bildung aus das Laienkunstwerk, das in pädagogischen Gemeinschaften natürlich entsteht, erst eine wirkliche Lösung sein. In diesen Gemeinschaften sind die verschiedenen Menschenarten, jung und alt, Mann und Weib, Werkleute und geistige Arbeiter lebendig beisammen. Sie binden sich durch die Formung der angewandten Künste zu kultischen Einheiten; darin erleben sie dann das Weltwerden des Einzelnen durch den polyphonen Ausdruck einer Gemeinschaft. Sie erleben damit dasselbe, was der Gebildete an den hohen Kunstwerken und Menschendokumenten leise, einsam im Studierstübchen oder Museum nachfühlt. Aber in den bildenden Gemeinschaften ist es sinnlich, einfach, stark, natürlich gewachsen da. Mit den menschlichen Urerlebnissen verbunden erzeugt sich im frischen Leben selbst das Weltwerden, in dem die höchste Geistigkeit des Menschen beschlossen liegt. Faßbar für den einfachen Menschen, und ohne ihn in eine abstrakte Welt zu versetzen, in der er sich nicht naturhaft und wahr fühlt. Auch ihre Grenzen hat freilich die bildende Gemeinschaft: sie muß mit der Gegebenheit der einander Verbundenen rechnen, mit ihrer oft so geringen Elastizität und Begabung. Aber das ist eine Schranke, die uns gesetzt ist und die unsere Faustnatur nie übersteigen kann. Für große, geistig mächtige Naturen werden erlesene Gemeinschaften entstehen, die nie Regel sind, und freilich ist hier eine priesterschaftliche Bildung auf irgendeinem Wege für solche Naturen gefordert, die irgendwie aus der laienmäßigen wird herauswachsen müssen. Das neuhumanistische Bildungsideal dagegen wächst nicht aus Laiengeistigkeit, sondern steht isoliert als priesterliche Bildung eines bestimmten Menschentypus da, für ihn erzeugt es Totalität. Für eine natürliche, aus allen Typen gemischte, werktätige Menschengruppe ist es nicht der Weg zur Totalität und zum Weltwerden, zum Metaphysisch-sich-ausdehnen und zur Geistigkeit.

10

Die Bevorzugung des kontemplativen Menschen ist im Laufe des 19. Jahrhunderts erst richtig zu einer Bevorzugung der rein intellektualen Betätigung im geistigen Leben geworden. Ursprünglich lag das gar nicht in den Gedankenreihen der Humanisten, die vielmehr durchaus an eine ästhetische Erziehung des Menschen gedacht hatten. Was erst Mittel war, wurde bald Selbstzweck. Heute zeigt das Bildungswesen eine im guten Falle lebendige Wissenschaft und eine tote Kunst. Die Philologie wurde zunächst als aufschließende (hermeneutische) Kunst geübt, gelehrt und angeeignet: sie sollte den Zugang zu den totalen Menschen der klassischen Literaturen eröffnen. Allmählich wurde sie um ihrer selbst willen als Wissenschaft getrieben, ausgedehnt und bekam einen anderen Aufbau.

Die gesamte höhere Schulung wurde eine wissenschaftliche Schulung; die reinen Nützlichkeitserwägungen, die diesem Wandel meist zugrunde lagen, verbargen sich dauernd hinter dem humanistischen Grundgedanken. Die Kultur der Gebildeten wurde eine spezifisch wissenschaftliche Kultur — ohne daß darum Wissenschaft unser Leben durchdrungen hätte, überall da, wo es ihre Aufgabe wäre. Das wissenschaftliche Ethos war mit dem intellektual aufgefaßten neuhumanistischen Ethos durchaus verquickt.

Auch Herbart hat im gleichen Sinne gewirkt, hat auch die Bevorzugung der wissenschaftlichen Menschenart in seine Pädagogik aufgenommen. Gehören seine Sätze auch in das Gebiet der Erziehung, nicht in die Fragen der Volksbildung und der objektiven Bildung, die ihm durchaus ein von außen historisch Gegebenes bleibt, das somit außerhalb der theoretischen Pädagogik liegt, so sind doch immanent Sätze über Bildung ausgesprochen, an denen sich das wohl aufzeigen ließe. Die Schulen nach Herbarts System z. B. suchen die Vermittlung aller Lebenswerte begrifflich zu geben, wissenschaftliche Ordnung in Handeln und Denken ist ihre Hauptabsicht. Für das ganze System ist tragend der Zusammenhang zwischen Charakterstärke der Sittlichkeit und Erweckung vielseitig gleichschwebenden Interesses — ein Zusammenhang, der vielleicht in einer Gesellschaft wissenschaftlich gerichteter Typen, nicht in einer Gesellschaft von tätigen, totalen Gemeinschaften gilt, in der es eigene geistige Traditionen gibt.

Die vorwiegend wissenschaftliche Bildung, die unter Verlust wahrer Totalität sich erhält, hat uns seelisch leer gelassen und betrügt um den letzten Sinn unseres Daseins. Sie vermag wenig einzelne, aber nicht die Menge, selbst nicht die Menge der sogenannten Gebildeten gehaltvoll und geistig zu machen. Irgendwo wird es offenbar, daß sie seelisch ein Parasitendasein führt, daß sie von lauter Volkskulturen und total gebildeter Menschheit weiß, sich von ihr nähren will, und doch selbst eine Einsilbigkeit vom Menschen verlangt, gegen die er sich eines Tages auflehnen muß.

Die Jugend war so weit Volk geblieben, daß sie sich von der priesterlichen Schulung der höheren Schulen, die in Mengen entstanden sind, lossagte. Die Wissenschaft fing an, ihr zuwider zu werden, zumal die Wissenschaft als Vorhof zum Heiligtum humanistischer Bildungsgenüsse. Das schlug ins Kehrteil um, eine irrationalistische und zugleich wissenschaftsfeindliche Denkart kam unter der Jugend auf.

Nun ist es geradezu das Grunderlebnis der Gegenwart geworden: das bittere und leidenschaftliche Gefühl, daß wir an der Oberherrschaft der Wissenschaft töblich krank sind. Die Wandlung zu einem neuen geistigen Leben, das laienmäßig und kultisch zugleich ist, die wir erhoffen und voraussetzen, sie vollzieht sich unter Absage an die Wissenschaft. Und keineswegs geschieht das so zufällig; die Geistesgeschichte der letzten 200 Jahre zeigt ein altes tiefes Problem, das da von uns erneut gespürt wird: den Zweifel, ob Wissenschaft nicht überhaupt kulturzerstörerisch wirke. Denn wiederholt hat man sich in diesem Zeitraum in ganz ähnlicher Lage befunden; und ein durchgehendes Gefühl ist der Anlaß eines reichen geschichtsphilosophischen Denkens geworden.

Wie chaotisch wir heute von diesem Problem erregt werden! Gerade die Frage der Volksbildung trifft überall darauf, in der Theorie wie in der Praxis. Diese Stimmungen und Anschauungen erinnern wieder ganz an die romantische Generation. Die Aufklärung mit ihrem Wissenschaftsbegriff wird wieder verantwortlich gemacht für die Entgeisterung der Welt. Wie Herder damals aussprach, daß die Zeit der Poesie, der großen Leidenschaft, des natürlichen großformigen Lebens dahin sei mit der Zerstörung der mythischen Denkweise, so heißt es unter uns: der heutige Wissenschaftsbegriff hat das mythische Denken und Schauen zerstört. Wir bewundern die Vereinigung des großen totalen Lebens mit dem mythischen Denken zwar nicht mehr bei den Griechen, denn die klassische Zeit der Griechen hat sich ebenfalls als eine Aufklärungszeit, eine Zeit der Bewußtseinshelle entpuppt, aber im Mittelalter, in der Gotik, in den Frühzeiten aller Kulturen, bei den Primitiven, sehen wir jetzt die Zeiten der Totalkultur. Wie stetig darin unsere Entwicklung geblieben ist! Die Ossian- und Otaheiti-Schwärmerei, der ganze Rousseau-Gedankenkreis, der im späteren 19. Jahrhundert zu ruhen schien, ist unter uns mit weit größerer Stärke wieder aufgewacht. Viel stärker haben wir Kinder des industriellen Zeitalters am eigenen Leib die Entfremdung vom natürlichen Dasein erfahren; Tolstoi ist unser neuer Rousseau geworden, die neue Malerei hat uns überwältigend die Einsicht einer metaphysischen Kunst, das Gefühl für primitive wie laienmäßige Kunst wiedergeschenkt. Was liegt uns näher, als den Kulturabstieg seit den letzten großen Zeiten kosmischer Lebensgestaltung — seit dem Ausgang der Gotik — in Verbindung zu bringen mit der Entstehung der neuen Wissenschaft? Und so heißt es, die Trennung von Glauben und Wissen, die Zerstörung der Einheit von Schauen und Denken müsse die Bruchstelle sein für die unselige Entwicklung. Die kulturschöpferische Naivität glaubt man sichtlich durch zunehmende Helle des Bewußtseins im Fortgang der Wissenschaftsentwicklung schwinden zu sehen. Es kommen dann Stimmungen der Resignation zustande, wie in dem verbreiteten Spenglerschen Buch: die alte Totalkultur sei unwiederbringlich dahin, es gelte jetzt die Pflichten des bloß zivilisatorischen technischen Jahrhunderts zu erfüllen und auf höhere Ansprüche zu verzichten — und damit ist die Hintertür offen, daß auch die hausbackenen Nikolais in etwas amerikanisierter Form wieder unter uns tonangebend aufstehen könnten. Da bemächtigt sich nun der tieferen Menschen Verzweiflung, und das neue écrasez l'infame ertönt, womit diesmal nicht Kirche, sondern Wissenschaft gemeint wird; denn im Gegenteil, man wird auch wieder wie zu Fr. Schlegels Zeit anfangen, katholisch zu werden. Ist doch auch das Geisterzitieren und der Astralleiberglaube wieder in die Mode gekommen, genau wie zur Zeit der Schellingschen Schule.

In dieser Wirrnis muß jede Erörterung des Bildungsproblems eine klare Grundstellung einnehmen. Ein Segen wäre, da aus der Einstellung des bloßen Reagierens mit dem Gegensatz herauszukommen. Denn darin liegt der Grund der Wirrnis, in dem geistesgeschichtlichen Gesetz, daß jede einseitige Ausprägung einer Lebens- und Denkart in ihr Gegenteil umschlägt, wenn eine neue Generation in ihr groß wird, und nur Momente des besonderen Charakters oder besonderer Wirrnis erlauben, aus bloßem Reagieren sich zu gültigen letzten Lösungen durchzuarbeiten. Gelänge es doch heute in dem seltsam verworrenen Deutschland, dieses Tau wieder zu packen, das wir vor über hundert Jahren bereits in der Faust hatten: die Lebenskunst der Synthesen.

Wären wir einmal wieder von dem bloßen Zickzack der ewigen Antithesen frei, so würden wir uns hüten, die geschichtliche Verbindung des Wissenschaftsaufstiegs mit der Entseelung unseres Daseins für eine unauflösliche und gesetzliche Verbindung zu halten.

11

Es soll hier vielmehr eine Überzeugung geäußert werden, die da feststellt einmal: Wissenschaft töte Naivität zunächst da, wo sie sterblich ist; sie überwinde die schädlichen Wirkungen des Zauberglaubens oder des wilden, ungeordneten Denkens auf Arbeit und Lebensführung.

Zweitens: Sie übe außerdem eine mittelbare Wirkung aus, eine Wirkung auf das Weltgefühl, das fortwährend von ihr umgestaltet wird. Diese Wirkung auf das Weltgefühl aber werden wir von letzten Maßstäben aus für die menschliche Bildung bejahen.

Und drittens: Mit dem Dasein, mittelbaren wie unmittelbaren Wirken der Wissenschaft, sei die Entfaltung einer ganz tiefen, ausdrucksvollsten und reichen Laiengeistigkeit verträglich. Entfaltung der Wissenschaft und vernunftgemäßer rationeller Ausbau unserer Wirtschaft, Arbeit, Gesellschaft seien nicht notwendig auch der Untergang eines großen geistigen Lebens in der Laienwelt.

Es gibt heute niemand, der ernstlich die Naivität da am Leben erhalten will, wo sie sterblich ist, und wo Wissenschaft eine höhere Leistung im Leben zu vollbringen hat. Diese Leistung liegt in der dauernden Verbesserung unserer Arbeitsorganisation durch die Überwindung des Zauberglaubens. Die primitive Art, die in irgendwelchen Teilen des Physischen ein Metaphysisches sieht und mit ihm rechnet, wird von der Wissenschaft schrittweise ausgemerzt. Niemand bedauert den Schwund jener trostlosen Naivität, die das Iter für einen nützlichen oder schädlichen Zauberer hält, die Rotäugige als Hexe verbrennt, um ein Geschwür zu heilen, nachts an den Kreuzweg läuft und die Krankheit als Bosheit eines Dämonen oder gar als Strafe ansieht.

Wenn wir die schöpferische Naivität eines Kindes, eines Berghirten, eines Künstlers bewundern, dann meinen wir nicht jenes primitive Zauberdenken. Wir meinen vielmehr die Ruhe der Seele, die Sammlung der Seele, die Ursprünglichkeit der Anschauung, die einfache Deutlichkeit des Erlebens, das diese Naturen oft zeigen. In solchen Erscheinungen gründete die Rousseausche und romantische Liebe für den Naturzustand und ebenso die heutige Liebe für das Primitive. Der Berghirt, das Kind sind vielleicht auch abergläubisch: der Künstler ist es nicht. Wenn er einen Kranken zeichnet und ihm einen Alb auf die Brust setzt, so will er nicht an Albe glauben machen, er will nur das Gefühl eines unermeßlichen Albdrucks erwecken, der überhaupt auf der Welt liegt, und er äußert dieses Gefühl gar nicht so sehr in jenem Gedanken seines Bildchens, er äußert es vielmehr in der Linienhandschrift, in der Farbenführung, in der Faktur. Er glaubt nicht etwa, was die Wissenschaft überwunden hat: Dasein von Gespenstern. Aber er fühlt, zeigt jenes Weltgefühl, das keine Wissenschaft als ungültig erweisen kann und will: das Weltgefühl eines schmerzlichen oder heroisch getragenen Druckes, der auf uns lastet; er zeigt ein metaphysisches Gefühl, wofür die Geschichte von dem lastenden Kobold nur ein erdichtetes Erzählchen (ein Mythus) ist, wofür jederzeit ein anderes ersonnen werden kann, wenn es nicht geglaubt wird. Ein Geschichtchen vielmehr, was gar nicht geglaubt werden will, was nur für die Phantasie da ist.

Man hat gemeint, zur Zeit Rousseaus und Herders, daß der Mensch, der zaubermäßig denkt, deshalb auch poetischer denke. Die Poesie, hat man gemeint, müsse allmählich aussterben, je mehr die Wissenschaft voranschreitet und uns die schönen Märchen, die Frau Holle, den wilden Jäger, die heilige Legende zerstöre; womit soll der Dichter noch erschüttern, wenn die Zauberwelt als eitel Fabelei erscheint? Die mythisch denkende Zeit galt als die großartige Zeit des metaphysisch mächtigsten, geistigsten Lebens. Und wirklich ist die dichterische Kraft der Edda und die ornamentale Kraft der altgermanischen Formenwelt unerhört überweltlich. Aber ganz klar sehen wir den Zusammenhang urzeitlichen Denkens mit urzeitlicher Gestaltungskraft noch nicht. Wir finden etwa die Kraft jener Ornamentik noch in der gesamten Gotik wieder und noch später in aller heimlichen Gotik, die bis in die Gegenwart führt; und die Kraft der eddischen und gotischen Wortkunst zeigen die Werke angewandter Wortkunst im Volke, das noch nicht verstädtischt ist, bei tiefen und gesammelten

Naturen noch heute überall; das Volkslied zeigt sie auch. Die Musik ferner hat lange Zeit als angewandte und als kirchliche Musik eine ebensolche überweltliche Kraft besessen, wie wir sie in mythischer Zeit vermuten. Dann hat uns ferner die Völkerpsychologie gezeigt, wie die ältesten Formen primitiver Kunst gar nicht reine Kunstwirkung geben, sondern durch äußere Zwecke verunreinigt sind. Die Kunst tritt zunächst auf mit der Absicht, Dämonen zu scheuchen oder zu rufen, Übel zu bannen, Gunst zu erzaubern. Schmuck, Reigen, Gesang sind zugleich Zaubermittel gewesen. Das mythische überweltliche Gefühl ist somit in einer ganz rohen, dumpfen Form Kunst geworden. Einem Menschen, der die Welt mit Gespenstern und Unholden gespickt sieht, wird alles, was uns auch an angewandter Kunst erlösend ist, nur ganz dumpf gespürte Nebenwirkung sein. Ja ein anderer Zusammenhang scheint sogar zu gelten. Wir sehen, wie der Dämonenglaube in der Menschheit schrittweise überwunden wird; ein geistesgeschichtlicher Prozeß, in dem an ganz bestimmter Stelle die Wissenschaft auftaucht, um diese Aufgabe nunmehr bewußt und methodisch zu übernehmen. Die eigentliche Überwindung des Dämonenglaubens geht der Geburt der Wissenschaft voran, sie geschieht in einem Stufengang des metaphysischen Gefühls, der am klarsten in der Religionsgeschichte zu verfolgen ist. Vom ältesten Zauberwesen bis zum polytheistischen Opferdienst und dann weiter bis zum vergeistigten christlichen Opfergedanken ist ein Aufstieg des schauenden Denkens da, dessen Fortsetzung in der freien Religiosität des Humanisten vorliegt. Auf dieser Zeitstufe bildet dann die Wissenschaft einen vom religiösen Denken losgelösten Bezirk, innerhalb dessen die Reinigung unseres Denkens von Metaphysik und seine Anwendung aufs Leben vor sich geht. Der Prozeß geht weiter, sowohl der Wissenschaftsfortgang wie die Weiterbildungen einer von der Wissenschaft nunmehr beinah unabhängigen Religiosität. Uns ist die Zukunft dieses Prozesses noch verborgen: aber wir sehen unser Weltgefühl aus einer nur individualistischen Haltung schon wieder herauswachsen, sich vorbereiten auf ein gemeinschaftsgebundenes Leben.

Dieser ganze Stufengang ist nun von einer gestalteten Geistigkeit (einer Kunst) begleitet, die auf ihren ersten Stufen, wenigstens bis zur gotischen Zeit des christlichen Opfergedankens, keine Einbuße an überweltlichen Bezügen sehen läßt; im Gegenteil scheint die Überwindung der primitiven Dumpfheit, des naiven Geisterglaubens, der Gesamtkunst eine Vieltönigkeit gegeben zu haben, die wir vordem nicht annehmen dürfen.

Der reale Glaube an Geister ist in einen bloß ästhetischen Glauben aufgelöst. Aus der Naivität des Kindes und Berghirten ist die ewig gültige Naivität des Künstlers geworden. Diesen Zustand zeigt die gotische Kunst und die vielfache spätere heimliche Gottt, die teils in der Laientradition lebt (Bauernmaler, Handwerker), teils in der hohen Dichtung das eigentlich Dichterische und dem Wert nach Beständige ist (also im Faust und Meister und den Gedichten Goethes). Diese Naivität kann auch heute und morgen wieder da sein, und das Aufhören des Zauberglaubens an sich ist ihr nicht tödlich gewesen. So wird der Satz von der tieferen Poesie der mythischen Stufe, der seit Herders Zeit in Geltung ist, sehr viel anders zu fassen sein und seine greisenhafte und pessimistische Gestalt ganz verlieren. Es wird dann auch der wissenschaftsfeindliche Mißbrauch dieses Satzes weichen müssen: das romantische Vorurteil, das im Geheul und Gruseln der Wolfsschlucht den Quell der Poesie wiederzufinden meinte, ebenso wie seine gegenwärtigen Jünger, die um vermeintlicher Poesie willen die Dumpfheit und das Tierische primitiver Metaphysik wieder hervorwünschen. Es ist ein irregeleiteter und unsittlicher Wunsch, der Menschheit ihr Storchenmärchen dafür erhalten zu wollen.

12

Wie wirkt denn eigentlich die Wissenschaft auf die Laienwelt, das heißt auf die Menge derer, die nicht selbst Wissenschaftler sind oder wenigstens einen systematischen wissenschaftlichen Unterricht längere Zeit genossen haben? Ihre Wirkung auf diese Kreise kann nur mittelbar sein. Es ist das eine Erscheinung, die entscheidend ist für die Stellung der Wissenschaft unter den Bildungsgütern.

Am leichtesten gehen gewisse Einzelkenntnisse in die Masse ein. Wenn die Wissenschaft ein neues Element entdeckt, einen Stern gefunden, die Techniker eine Arbeitsweise verkürzt haben, so wird eine Kunde davon durch die Presse und auf anderen Wegen ins Volk gehen. Das bloße Wort, in dem diese Kunde sich oft erschöpft, hat keinerlei Bildungswert, und es berührt auch tatsächlich den inneren Menschen und sein Denken nicht weiter. Dagegen kann die neue Arbeitsweise eines Technikers sich sehr schnell jedermann mitteilen: im Gebrauch der Geräte, in der Umstellung irgendeiner Berufsarbeit, die ja immer auch innere Folgen hat.

Sie beeinflußt das Lebensgefühl schon ganz stark. So, daß wir durch Eisenbahnen dem Wetter entzogen sind, sehr schnell große Entfernungen überwinden können, daß wir den Blitz ableiten, daß unsere Wohnungen wetterfest sind, das ganze technische Gebiet durch den Gebrauch, den wir von ihm machen, wirkt mittelbar auf unsere Lebensstimmung. Wir setzen voraus, daß es nur an Unvernunft der Verhältnisse und an bösem Willen der Menschen liegt, oder daß nur noch Erfinderarbeit einsetzen sollte, wenn wir noch frieren, hungern oder irgendwo im äußeren Leben gehemmt werden. Die Natur machen wir nicht dafür verantwortlich. Wir haben das Zutrauen gewonnen, daß Natur eine berechenbare meßbare Gegebenheit ist, die sich durch sachliche nüchterne Beobachtung beherrschen läßt. Dieses Gefühl, das seine Berechtigung doch nur in der Tatsache der neueren Wissenschaft hat, überträgt sich auf alle Kreise, auch auf solche, die wissenschaftliche Einsichten nie vollzogen haben und ein Verständnis der wissenschaftlichen Arbeit nicht besitzen. Das Weltgefühl, die Tat- und Lebensstimmung der Wissenschaft überträgt sich so auf alles Volk, auch wenn die einzelnen gar keine wissenschaftliche Schulung an sich erfahren haben. Die mittelbare wissenschaftliche Schulung, die in der industriellen und überhaupt der wissenschaftsbedingten Arbeit und Ordnung liegt, die tut schon das ihre.

So ist ein gewisses wissenschaftliches Ethos Bestandteil unserer Volksbildung geworden, und das nicht erst durch die Aufklärungsarbeit der Presse und der populären wissenschaftlichen Literatur, der Vorträge und Schulen, sondern schon durch die Luft, die um uns streicht.

Die laienmäßig übertragene Wissenschaftsstimmung ist nun durchaus abhängig von der Haltung, die in der Wissenschaft selber lebt. So war im 18. Jahrhundert mit dem Gefühl der Naturbeherrschung verbunden das Gefühl einer in der Gesetzmäßigkeit tätigen Vorsehung; Gelehrte wie Laien teilten diese Haltung. Die materialistische Betrachtungsart der Naturwissenschaften im letztvergangenen Jahrhundert hat sich ebenfalls in der Menge gleicherweise gezeigt, bis in unser Staatsleben hinein.

Auch die Lebensstimmung der Geschichtswissenschaft gegenüber geschichtlichen Tatsachen ist von Laien wie Gelehrten geteilt worden. Die Romantik stand alten Gebräuchen fromm gegenüber, Voltaire und sein Gefolge im 19. Jahrhundert ebenso wie die nationalen Geschichtswissenschaften nach der Romantik machten alle Gebräuche sich bewußt und erforschten sie bis in die letzten Ursprünge mit der Haltung von Menschen, die dieser Bräuche nunmehr ledig sind. Genau so hat die ganze höfisch-bürgerliche Laienwelt sich verhalten: sie hat sich spielerisch für diese Bräuche interessiert (von den höfischen Schäfereien des Rokoko ab), aber sie hat sie nicht gläubig mehr hingenommen. Auch fast alle kirchlichen Bräuche sind so aufgelöst und durch Wissenschaft geklärt, innerlich dabei aber überwunden worden. Wie die Naturwissenschaft uns zu Erweckern und nüchternen Bezwingern der Natur, so hat uns die geschichtliche Wissenschaft zu Überwindern jeglicher Tradition gemacht: und diese Haltung hat sich durchaus von den Gelehrten ohne Unterweisung auf die Laienwelt übertragen. Die Unterweisung in Schulen und Volksbildungsanstalten hat natürlich auch eingesetzt, aber überall vermischt mit der ungenauen laienhaften Übertragung durch Bücher, Parteien, Presse, Lehre von Mund zu Mund. Die mittelbare Ansteckung ist im ganzen besehen stärker als die unmittelbare Lehre.

Alle Vorstellungen des altheidnischen und mittelalterlichen Denkens mitsamt den Gebräuchen, Lebensart und Weltgefühl sind so in einem stetigen Prozeß angefressen und durch Wissenschaft vernichtet worden — die meisten dieser Gedanken hat aber die Wissenschaft gar nicht ausdrücklich und öffentlich angreifen müssen, sie sind durch die Tat- und Lebensstimmung gefallen, die mit der Wissenschaft sich zugleich gebildet hat, die mit ihr gegeben war.

Nun ist es die lebenswichtigste Entscheidung, ob man in diesem mittelbaren Wirken der Wissenschaft eine menschliche Leistung zu erkennen vermag oder nicht. Die letzten Jahrhunderte haben den Zweifel daran bis vor kurzem noch immer überwunden. Es war ihnen ganz ersichtlich, daß durch die Reinigung unseres Denkens von metaphysischen Setzungen das menschliche Weltgefühl (nicht nur das arbeitsnützliche Denken) veredelt und gebessert wird. In der heutigen Krisis kommt alles darauf an, daß sich die Partei der Wiedergeburt nicht irre machen läßt an der Grundwahrheit, die darin liegt, daß wir trotz allen Verdachtes, der auf das wissenschaftliche Ethos fällt, die mittelbare Einwirkung des Wissenschaftsdaseins auf das Weltgefühl bejahen. Wir legen so nur die Bahn frei für bessere Technik und Wirtschaft, bessere Gesundheit, für die menschenwürdigste Beherrschung unseres Planeten. Wir wahren uns eine Haltung der Sachlichkeit, einer Ruhe gegenüber dem Naturgeschehen, einer gewissen Herrschaft und Freiheit des Menschengeschlechts, die zweifellos ein Gut ist.

Es ist ein innerer Gewinn, den uns die Not zuwirft: die Not, die uns Abendländer zwingt, eine großorganisierte Wirtschaft und rationelle Selbstverwaltung zu haben: bei uns hängt die Wohlfahrt unserer riesigen Volksmengen in so sprödem Klima von dieser Wissenschaftsbejahung ab. So wird auch das Proletariat schon aus Selbsterhaltungstrieb ihre unüberwindliche Stütze sein. Wir brauchen die vernünftige Helligkeit, Wahrheit und Herrschaftshaltung, die wir durch Wissenschaft gewonnen haben, wir brauchen ebenso die Überwindung schädlicher oder sinnlos gewordener Bräuche. Natur soll uns dienstbar, Bräuche sollen sinnvoll sein: dafür sorgt das Dasein der Wissenschaft unter uns schon durch seine mittelbare Wirksamkeit.

Aber das ist erst das Entscheidende: auch das wissenschaftliche Ethos ist eine geschichtlich veränderliche Größe, die in vielerlei Gestalt sich erfüllen kann. Die heutige Wissenschaft trägt die Spuren des Zeitgeistes, sie ist unfromm und weiß nicht mehr um die wirkliche Ganzheit des Lebens; sie visiert die Welt über die Kimme des individualistischen, gemeinschaftslosen, seelisch vereinsamten Menschen. Auch die Lebensstimmung der Wissenschaft wird in einer besseren Weltstunde einen neuen Funktionswert einsetzen, wird Wiedergeburt erleben, ohne ihr Wesen zu fälschen. Aber sie wird in irgend einer Form ein Bildungsgut für alle bleiben. Ihre gegenwärtige so zerstörerische und entseelende Gestalt darf nicht zu der kopflosen Verdammung führen, für die jetzt Stimmung ist, denn statt des Teufels hätten wir dann den Beelzebub.

13

Für das Problem einer neuen Laiengeistigkeit ergibt sich daraus nun eine eigentümliche Lage. Sie soll mit der Weiterherrschaft einer wissenschaftlichen Lebensstimmung und mit dem Weiterblühen der Wissenschaft rechnen. Andererseits folgt aus dem Wesen der Laiengeistigkeit auch, daß die Wissenschaft ihre beherrschende Stelle in der zukünftigen Bildung verlieren wird. Die Quadratur des Zirkels also, wenigstens wenn man den Gegensatz so in Begriffen ausspricht. Wissen wir aber die Felsenschrift der Lebenspraxis selbst zu lesen, so steht das Bild eines neuen Menschentums vor uns: ein unerhörtes neues Wachstum, das immer als Quadratur des Zirkels erscheint, wo es von außen betrachtet wird, aber nicht von dem, dessen Leib die neuen Lebenssäfte mit durchströmen.

Die heutige Form der wissenschaftlichen Haltung freilich wird nicht feuerbeständig bleiben; wenn wirklich Wiedergeburt und neue geistige Bildung kommen, dann wird die krasse Form, die Natur von sich beherrscht zu fühlen, wie sie im 19. Jahrhundert seit der großen Bruchstelle sich durchgesetzt hat, die wird schwinden. Damit werden sich auch auf rein wissenschaftlichem Gebiet neue Arbeitsweisen, Einsichten, Neuaufbauten ergeben. Die Art, Wissenschaft ins Leben zu ziehen, ihren Zusammenhang und ihre Grenze deutlich zu haben und sie philosophisch und lebenskundlich auszuwerten, alles wird sich erneuern müssen. Auch diese Verlebendigung und Vereinigung der heute gespaltenen Wissenschaften ist ja schon gefordert und in einzelnen Menschen und Denkarten wie es scheint schon stückweise gekonnt, sodaß auch dieser utopische Zusammenhang sich als wirklich und geschichtlich zu erweisen beginnt. Somit also eine andere Form der wissenschaftlichen Haltung, der nun ein Zusammenbestehen mit großer Laienbildung möglich ist, weil sie ihre Grenze und Leistung besser kennt und ein tiefes Ungenügen empfindet, wo sie allein von der Seele Besitz ergriffen hat, wo sie nicht anderen Seelenkräften eingeordnet wächst. Wir haben in der Geschichte der Wechselwirkung zwischen Wissenschaft und Geistigkeit uns auf dem toten Punkt befunden. Das neuhumanistische Lebensbild war noch ästhetischer Natur, es wollte zwar eine wissenschaftliche Haltung in sich aufnehmen, wollte sie aber nicht in diese despotische Herrschaft einsetzen. Es ist an Humboldts Gedankenführung gezeigt worden, daß der Kern einer wissenschaftlich einseitigen Einstellung bereits in diesem Lebensbilde lag. Goethe hat sich von dieser Umdeutung ganz frei gehalten; sein Bildungsideal ist das eines tätigen und ganzen Lebens; der Wilhelm Meister wird uns deshalb auch in Zukunft ein pädagogisch so reiches Buch bleiben. Aber beinah zugleich mit dem Aufhören der letzten Laientraditionen — bald nach Goethes Tode — wechselt der humanistische Bildungsgedanke sein Wesen; er wird da einfach das Ideal einer reinen Gelehrtenbildung; fehlte ihm von vornherein die laientümliche Gestalt, so verlor er nun seine allgemeinmenschliche dazu: da kam die gottverlassene Haltung der Nur-Wissenschaftlichkeit zur allgemeinen Geltung, die wir als den toten Punkt der neueren Bildung bezeichnen müssen.

Alle Jünger der Lehre von einem neuen Menschentum werden sich hier gegen eine Geschichtsauffassung wenden müssen, die durch Spengler und andere stark verbreitet wird. Es ist die immer wiederkehrende Auffassung vom Untergang unserer Kultur. Seit dem „Fall and decline of the Roman Empire" hat dieses Thema die Menschheit beschäftigt. Der Untergang der griechisch-römischen Welt, so wie er dem Humanismus erschienen ist, gab immer das große Musterbeispiel eines Kulturverfalls ab. Bei Herder setzen sich die greisenhaften Stimmungen durch: mit zunehmender Aufklärung schwinde das Innere und Göttliche, Geist-Schöpferische der Menschennatur. Als ein Versagen von innen heraus, ein sich selbst Abblühen der Kultur (Spengler: einer Kultur) trete das notwendig ein, so sicher wie daß ein Mensch alt wird. Aber schon Herder hat daneben das Gefühl einer Neugeburt gehabt; und die ganze deutsche Bewegung (Goethe, Schiller, die Romantik) wäre unmöglich gewesen ohne diese Wiedergeburts-Sicherheit. Das Leben selbst entscheidet die geschichtsphilosophischen Fragen. Und so wird die neue Bewegung, die an die romantische Wiedergeburt anknüpft, durch die Tat jene Geschichtsbetrachtung Lügen strafen, lebenspraktischer als es vor 100 Jahren geschah und in einer Bewegung, die viel mehr Breite im Volke hat von vornherein. Wir sind nicht am Tode, wir sind nur an einem toten Punkte: wir schwingen weiter. Wir wollen unsere Werkarbeit tun mit der Werkstimmung der Sachlichkeit, des ökonomischen Denkens, der Wissenschaft; aber wir wollen dieser Haltung durchaus die Herrschaft über unsere Seele verwehren. Und wenn das Werkethos noch so viel von uns verlangt, wenn die Organisation der Arbeit uns noch so sehr einspannt und zur Maschine machen möchte — es gibt einen Weg, diesen Pflichten zu genügen und doch den Menschen in uns zu retten. Unsere Klassiker — Schiller, Fichte — haben alle an eine solche „Freiheit auf höherer Stufe" geglaubt. Marx und Engels haben diesen Glauben übernommen, und sie sind die ersten, die unter voller Erkenntnis der industriellen Arbeitsorganisation und ihrer Entwicklungsmöglichkeiten an eine neue Geschichtsstufe geglaubt haben, die zwar äußerst arbeitsteilig und wissenschaftlich ist — die aber doch die Einfachheit und Volkseinheit der Urzeit wieder erreicht. Engels' „Ursprung der Familie" zeigt ganz deutlich eine solche Geschichtsauffassung, nur in den Formeln des späteren 19. Jahrhunderts ausgedrückt und seltsam materialistisch verkleidet.

Das Wissenschaftliche also in unserer Arbeitsweise und damit auch im

Leben weiter vorhanden — aber nicht herrschend über die Bildung des innersten und wesentlichen Menschen.

So läßt sich nun die künftige Volksbildung abermals näher bestimmen. Der Gebildete im neuen Sinne wird laiengeistig sein. Er wird der tätige, im natürlichen Dasein schaffende Mensch bleiben auch da, wo ihm die geistige Welt begegnet. In seine natürliche gemeine Tätigkeit wird die geistige Welt eingeflochten sein; sie wird Formen haben, die überweltliches Wesen zeigen, die aber mit dem heutigen Leben zugleich bestehen können. Das Merkmal heutigen Lebens ist die Helligkeit des Bewußtseins, die sich aus der Arbeitsweise, aus der massenhaften und vielverkehrenden Bevölkerung unter Mithilfe der Wissenschaftsarbeit natürlich ergibt.

Diese Helligkeit des Bewußtseins überträgt sich nun ebenfalls auch auf die Ungeschulten, auf die wissenschaftlichen Laien. Sie überträgt sich schon durch den Arbeitsprozeß, die öffentliche Wirtschaft und Hausführung. Sie überträgt sich schon durch die berufliche Ausbildung, zumal innerhalb einer Wirtschaft, die viel gelernte Arbeit nötig hat. Eine solche Vereinigung von Vernunfthelle und gemeinschaftsgebundener Geistigkeit, so unerhört diese Verbindung uns noch ist, sie allein könnte die seelische Verfassung abgeben, um eine vernunftgestaltete soziale Ordnung und Wirtschaft auch nur von ferne möglich zu machen. Sie zeichnet den Bildungsbegriff eines solidarischen, einfachen, arbeitstüchtigen Volkes. Sie zeichnet die einzige in Zukunft denkbare innere Verfassung einer gemeinwirtschaftlichen Ordnung. Und sie ist zugleich der Bildungsbegriff eines natürlichen weltfrommen und überweltlichen Daseins, das heutiger Wirrnis und Entseelung genesen ist. —

14

So ist also einmal im neuen Bildungsbegriffe der laiengeistige Baugrund aufgezeigt; und eine Laiengeistigkeit ist utopisch gefordert, die mit einer wissenschaftlichen Lebensdurchdringung zugleich gesetzt ist. Die Zukunft stellt sich uns nicht dar als ein bukolisches Hirtenmärchen, sondern als arbeitsteilige Gesellschaft mit Maschinen und Statistiken; die Wissenschaft ist ihre Stütze. Und darin unterscheidet sich die neue Laienwelt von der mittelalterlichen und unsrer altväterischen ganz scharf.

weil sie innerhalb einer Gesellschaft steht, die jeden Menschen in einen wissenschaftsbedingten Beruf zu stellen sucht. So entsteht auch für den neuen Bildungsgedanken die Notwendigkeit einer allgemeinen Schulung; er ist nicht denkbar ohne einen bestimmten Bereich geistigen Lebens, das sich in Schulen erzeugt und überliefert, und zwar in einem weitgegliederten Schulwesen, von der allgemeinen Volksschule an bis zu Fachschulen, Universität und Volkshochschule hin. Alsbald ist dann auch ein Element nicht laienmäßiger Art da, und damit eine Spannung im Bildungsgedanken. Sicherlich wird dieses Schulwesen, sobald es einmal neu gedacht ist, diesen nichtlaienmäßigen Bestand nicht wieder im Sinne einer Gelehrtenschulung ausbauen, sondern irgendwie im Sinne einer Lebensschulung, die sich erheben könnte zu einem priesterlichen Bestand ganz neuer Art. Und die Frage entsteht, welche geistige Gestalt da befremdlich neben die Laiengeistigkeit tritt, ob sie eindeutig ist oder vielfach gestuft, und wie sie sich zur laienmäßigen Grundlage künftiger Bildung verhält.

Die Frage nach der geistigen Gestalt dieser neuen schulischen Bildung ist das große Thema des gegenwärtigen pädagogischen Schrifttums, das auf ganz neue Lösungsversuche losgeht. Die vorliegende Arbeit möchte den Gedanken der Laienbildung in diese Erörterung hineinfügen, aber sonst die Grenze nach diesem Gebiet hin nicht überschreiten. Ebenso muß es künftiger Fortsetzung dieser halb utopischen Gedankenreihe überlassen bleiben, den Sinn neuer priesterlicher Bildung zu zeichnen, vom Schaubild eines laienmäßig gebildeten, einfachen, arbeitsstarken und solidarischen Volkes aus. Denn die kontemplativen Menschen und die geistschöpferischen streben doch immer neu einer gesammelten, priesterlich überlieferten Bildung zu und werden in der Zukunft zu ganz neuen Gebilden kommen. Was aber hier noch einmal gesehen werden muß, das ist die Einheit in der lebendigen Verfugung jener Menschenarten mit den Laien und mit den Fachgeschulten — denn beinah alle Laien werden auch in Zukunft irgendwie zugleich geschulte Leute sein. Diese Einheit ist alsbald gegeben, wenn Menschen der höheren Bildung im alten Sinne ihre Wiedergeburt in pädagogischen Gemeinschaften vollziehen; in diesen Gemeinschaften entsteht die laienmäßige Einheit, aus der sich jede Stufung weiterer Sammlung und Ausbildung entwickeln kann, ohne daß an diesen Einheitsgrund gerührt wird.

Wer dieser Sprache des Begriffebauens nicht traut, der muß auf die

Bünde verwiesen werden, die schon bestehen, und dauernd um freie Führer oder um Freundschaften herum neu wachsen wie das wilde Gras; der Krieg hat unter den stärksten Gemeinschaften am meisten gewüstet und doch nichts ausrotten können. Nur wo die Erfahrung des Schöpferischen gemacht ist, glauben wir das, was so in Gedanken unerhört erscheint. In der Tat sind in den neuen Gemeinschaften viele der Führenden priesterlich geartet und auch im Besitze der heutigen Schulung, aber die Menge ihrer Kameraden ist scheinbar ungeistig, jeder Schulung abgeneigt und doch hingegeben an die Schönheit, Tiefe und Sammlung unmittelbaren Lebens. Die Mischung aller dieser Menschen macht erst die wirkliche Totalität der pädagogischen Gemeinschaften aus. Daß beide Arten einander bedürfen, ohne sich gleichzumachen, darin besteht die neue Einheit der Bildung. Und so werden die Menschen des einsamen Pfades der Beschauung und der inneren angespannten Sammlung nicht mehr Fremdkörper im Volke sein. So werden sie auch die Führer künftiger Geistigkeit sein, solange sie ihre Blutsverwandtschaft zur Laienbildung im Leben bewahrheiten und die große Bindung, die sie mit allem Volk teilen, lebenspraktisch dartun.

Und das war in unseren utopischen Gedankengängen der Anfangspunkt: daß wir in wesentlichen Menschen der höheren Bildung eine Grundverwandlung voraussetzen wollten. So daß ihnen ein natürlich totales Leben wieder wahr wird. Und so wie diese Wandlung fraglich bleibt, so bleibt diese ganze Fernsicht fraglich. Aber die Entscheidung ist in unsere eigene Seele gelegt. Sobald die Wandlung einem Menschen unter uns wahr wird, der sich zum Wesentlichen sammelt, wächst, und der gesunden Gemeinschaftskraft fähig ist, dann ist auch keine Utopie mehr da. Wir wandern dann unsere Straße, ohne unsere Fernsicht jemals wieder zu verlieren.

Anmerkung

Im Text ist auf die Literatur der letzten Jahre zur Kulturkrise häufig Bezug genommen, ohne daß all diese Schriften genannt werden können. Erwähnt seien aber Richard Benz, „Blätter für deutsche Art und Kunst" und „Schriften zur Kulturpolitik", und Herrigel, „Das Problem der Naivität in der Volksbildung", Neue Rundschau November 1919. Die Abhandlung stützt sich in einzelnen Teilen ferner auf Schriften Wilhelm Diltheys, auf Eduard Spranger, „Humboldt und die Humanitätsidee", auf Hermann Nohl, „Vom deutschen Ideal der Geselligkeit", die Tat 1915 S. 617 ff., Karl Brügmann, „Leipziger Gespräche", ebenda, und auf das übrige aus den Jugendbünden entsprungene Schrifttum.

Inhalt

	Seite
Die Geistigkeit der Laien	3
Die Formung der Kunst in einer laiengeistigen Welt	6
Musik als angewandte Kunst	7
Die pädagogischen Gemeinschaften	12
Sprachkunst unter Laien	15
Dichtung im Volke als angewandte Kunst	18
Raum- und Bildkunst	24
Das Problem der Totalität in der Bildung	32
Die Stellung der Wissenschaft in der Bildung	38
Der neue Bildungsbegriff	50

Gedruckt bei E. G. Naumann, G. m. b. H., in Leipzig

Die Erziehungsideen der Klassiker

Willy Flitner, August Ludwig Hülsen und der Bund der Freien Männer. br. M 5.—

Die Post: Die Versuche Fichtes, das deutsche Studentenleben zu reformieren, gehen weit in die Anfänge seiner Dozententätigkeit zurück; der erste Schritt wurde schon im Jahre 1795 unternommen; es ist der „Bund der freien Männer", der sich damals um Fichte zusammenschloß und in dem man den Keim der Burschenschaftsbewegung erblickt hat. Daß diese Vereinigung aber viel mehr bedeutete, daß sie ein hohes kulturelles Ideal verwirklichen wollte, geht aus diesem Buch hervor. Das Programm der „freien Männer" ist ein stolzes erzieherisches Ideal, das die Mitglieder ins Leben zu übertragen suchten, ähnlich dem der pädagogischen Provinz in Goethes Wanderjahren. Eine schöne Stelle in diesem Buch gibt so recht den Geist wieder: „Aber unsere Nachkommen müssen wissen, daß zur Zeit der tiefsten Knechtschaft auch noch freie Männer lebten, und darum laß uns ein Feuer anzünden und das Sonnenlicht der Erde wieder frei machen und klar, daß unsere Nachkommen uns segnen, wenn sie die Altäre wieder aufbauen und die hohen Tempel der Götter."

Wilhelm von Humboldt, Universalität
(Erzieher zu deutscher Bildung, Bd. VIII) br. M 8.—, geb. M 14.—

Noch heute können wir aus den Gedanken dieses auf Totalität der Bildung gerichteten Geistes schöpfen. Sein Wort: „Mir heißt ins Große und Ganze wirken: auf den Charakter der Menschheit wirken, und darauf wirkt jeder, sobald er auf sich und bloß auf sich wirkt" bildet die Grundlage aller Selbsterziehung. Flitner führt von dieser Grundlage aus auf dem Wege der pädagogischen Gemeinschaft zu ganzer Laienbildung.

Es erschienen ferner in der Sammlung

Erzieher zu deutscher Bildung

- Bd. I: **Johann Gottfried Herder**, Ideen. br. M 8.—, geb. M 14.—
- „ II: **Friedrich Schlegel**, Fragmente. br. M 8.—, geb. M 14.—
- „ III: **Johann Gottlieb Fichte**, Ein Evangelium der Freiheit. br. M 12.—, geb. M 18.—
- „ IV: **Friedrich Schiller**, Ästhetische Erziehung. br. M 8.—, geb. M 14.—
- „ V: **Johann Georg Hamann**, Sibyllinische Blätter des Magus. br. M 8.—, geb. M 14.—
- „ VI: **Friedrich Schleiermacher**, Harmonie. br. M 8.—, geb. M 14.—
- „ VII: **Winckelmann und Lessing**, Klassische Schönheit. br. M 8.—, geb. M 14.—
- „ IX: **F. W. Schelling**, Schöpferisches Handeln. br. M 12.—, geb. M 18.—

Georg Muschner: Darin liegt das große Geheimnis großer Persönlichkeiten, daß sie jeder Zeit etwas zu geben haben; problematisch gesagt: sie sind die Frucht früherer Zeiten und die Not kommender Geschlechter! Nur das Volk findet immer wieder über das Epigonentum hinaus, das den Größen seiner Vergangenheit gegenüber eine derartige in sich selbst rollende Auffassung sich erhält. Die „Erzieher" sind ein Unternehmen, das im besten Sinne literarisch ist.

Eugen Diederichs Verlag in Jena

Ideen neuzeitlicher Pädagogik und Wissenschaft

Herman Nohl, Pädagogische und politische Aufsätze. br. M 8.—

Die Post: Der erste Teil der Sammlung bringt Grundlegendes über Erziehungsfragen, sondert die gegensätzlichen Ziele der humanistischen Bildung von der Erziehung zur Aktivität und Weltbildung sowie von dem sozialpädagogischen Streben der Volksschule. Des Verfassers Ansicht, daß allein die klare Erkenntnis dieser Verschiedenheiten ein Zusammengehen in den letzten großen Fragen der Volkszukunft, den Fragen der nationalen Erziehung herbeiführen könne, ist zweifellos richtig. Sehr glücklich ist die Verbindung mit den politischen Aufsätzen der zweiten Hälfte. Nohl beleuchtet den Begriff der Großmacht und des Gleichgewichts der Mächte, oftmals in deutlicher Übereinstimmung mit dem Schweden Kjellén. Der Begriff der deutschen Freiheit wird feinsinnig erörtert, und es spricht für die starke Folgerichtigkeit dieses Denkens, daß es das unter anderen äußeren Verhältnissen Gesagte auch heut noch gültig befindet.

Herman Nohl, Stil und Weltanschauung. br. M 12.—, geb. M 18.—

Göttinger Zeitung: Wölfflin und Dilthey sind die beiden Forscher, auf deren Lebensarbeit Nohl weiterbaut. Über Wölfflin hinaus — der die Typisierung der Stilwandlung bis ins feinste hinein verfolgt — geht Nohl den seelischen Grundlagen dieser Wandlung nach. Über Dilthey hinaus — der die Gedankenwerte der Dichtung aus der seelischen Stellung des Künstlers zu seiner Welt zu deuten begann — geht Nohl auch dem formalen Ausdruck nach und erweist ihn für alle Kunst gleichsam als g   aus der Auseinandersetzung des künstlerischen Ichs mit der Welt. Von Nohl werden Möglichkeiten gezeigt, wie man auch als kunstliebender Laie in Malerei, Dichtung und Musik die Verschiedenheit der Typen beobachten und dadurch zu tieferem Verständnis, zu größerem Genusse des Kunstwerkes kommen kann.

Hans Freyer, Antäus. Grundlegung einer Ethik des bewußten Lebens. br. M 6.—

Karl Joël-Basel: Eins der ganz wenigen modernen Bücher, das man nicht schon auf der zweiten Seite auswendig kennt, das Buch eines ganz reifen, souveränen Menschen von ganz eigener Geisteshaltung, der an allen Künsten gesogen, Hellas und die Romantik und die ganze Geschichte der Philosophie geschluckt hat, zumal Hegel, Bergson, Dilthey und Nietzsche, der da ins Objektive entladen und überwunden ist. Ein Buch wie ein Baum mit Wurzelkraft und voll Kronenrauschen, ganz Plastik in Musik getaucht, halb Hobler, halb Hölderlin. Ich gratuliere zu dem Buch, das ein Ereignis ist.

Ernst Krieck, Die Revolution der Wissenschaft. Ein Kapitel über Volkserziehung. br. M 6.—

Mit scharfen Worten wendet sich Krieck gegen den Entwicklungsfanatismus, der infolge der Depression so viele Nachbeter gefunden hat. Wir haben nicht mit Spengler einer untergehenden Kulturperiode das Schwanenlied zu singen, mag es noch so geistvoll komponiert sein, sondern müssen Blick und Willenskraft in die Zukunft richten, um jede Schlappheit zu überwinden. Schöpferkraft lehrt den Menschen, sich gegen das drohende Schicksal zu erheben und zu behaupten. Führer in der Geschichte zu sein, ist ein Problem des Willens und der Volkserziehung.

Eugen Diederichs Verlag in Jena

Bücher zu deutscher Erziehung

Richard Benz

Die Grundlagen der deutschen Bildung. br. M 10.—

Wir sind in unserer nationalen Orientierung noch nicht über Fichtes Reden hinausgekommen, immer noch fehlt uns trotz Lagarde und Nietzsche der Zielpunkt unserer Erziehung und Selbstgestaltung. Diese Vorlesungen zeichnen — im Anschluß an des Verfassers „Blätter für deutsche Art und Kunst" — den Grundriß einer deutschen Kultur, indem sie die gewonnenen Einsichten in die Gesetze deutscher Sprache und Kunst auf die Formen der Arbeit, der Wirtschaft, des Rechts und der Sitte anzuwenden suchen. Die verschiedenen Möglichkeiten bildhafter Durchdringung des ganzen Daseins werden an den Bildern des orientalischen, des klassischen, des gotischen und des international-modernen Menschen aufgezeigt. Als Mission des deutschen Menschen der Zukunft wird die geistig-künstlerische Erfassung und Bewertung der Welt aufgestellt, die in ebenso großem Gegensatz zu dem materialistischen Intellektualismus des Westens wie zu dem religiös-moralischen Fanatismus des Ostens steht, die heute um die Seele des Deutschen ringen, und deren einem er verfallen wird, wenn er sich nicht auf seine eigene Aufgabe besinnt.

Das Problem der Volkshochschule. br. M 4.—

Unsere heutige Volkshochschulbildung erschöpft sich in unterrichtender Fachbildung und in Charakterbildung (dänische Volkshochschule). Ihr stellt Benz die Volkshochschule des geistigen Erlebnisses gegenüber, das zu gewinnen ist aus der eigenen geistigen Überlieferung. Also Lehrer deutschen Geistes und deutscher Kunst durch Erlebnis des geistigen Bildungsstoffes. Kein Ableger der Universität, sondern Gegenuniversität. Damit knüpft er wieder an die Ideen dreier Großen an. Lagarde hat in seinen Vorschlägen zur Universitätsreform, der junge Nietzsche in seinen Schriften über die Reform der Bildung und schon Fichte im Jahre 1807 mit seinem Plan zur Errichtung einer höheren Lehranstalt dieselben reformerischen Gedanken zur öffentlichen Diskussion gestellt.

Über den Nutzen der Universitäten für die Volksgesamtheit und die Möglichkeit ihrer Reformation. br. M 3.—

Die Jugend unserer Zeit empfindet stärker denn je: die heutige Universität leistet keine geistig-kulturelle Erziehung und bildet nur unzulänglich zur Praxis aus. Darum gipfeln die Benzschen Vorschläge einesteils in der Gliederung der Universitäten in Akademie und Fachhochschulen, anderenteils fordert er eine Einstellung auf jene Werte der Wissenschaft, aus denen dem Volke geistiger Nutzen erwächst.

Blätter für deutsche Art und Kunst
Herausgegeben von Richard Benz
Preis der Hefte je M 3.—

Heft 1. Die Renaissance, das Verhängnis deutscher Kultur.
Heft 2. Verkündiger deutscher Kunst (Fichte, Herder, Arnim, Grimm, Goerres, Goethe, Wackenroder, Nietzsche, Langbehn).
Heft 3/4. Die Grundlagen der deutschen Kunst im Mittelalter.

Eugen Diederichs Verlag in Jena